歩いてまわる
小さなパリ

日帰り
旅行も！

トリコロル・パリ
荻野雅代　桜井道子

大和書房

はじめに

「パリって案外、小さくて歩きやすい街なのです」というコンセプトから誕生した前作『歩いてまわる小さなパリ』。発売以来、たくさんの方々からパリ旅行のパートナーとして選ばれ、この本を片手にパリ散策を楽しんでいただくことができました。

それから2年、私たちふたりのパリ歩きは続いています。新しい出会いと発見に満ちた宝箱のようなこの街は、歩けば歩くほどますますその輝きを増し、長年フランスに暮らしていても「こんな場所に、こんなすてきなお店があったんだ」といまだにはっとさせられることがしばしば。そんな、歩いてこそ見つけられるパリの魅力を、旅行者のみなさんと分かち合いたいという気持ちで、続編となるこの本を作りました。

「有名観光スポットから歩いて行ける」「ここを歩けば後悔しない」を基準に、実際に足を運んで選んだブティックやレストラン、ホテル、散策スポットを集めているので、パリ初心者さんや時間のない人でも、観光の合間をフル活用してショッピングやグルメを満喫できます。どのお店もトリコロル・パリならではのセレクトで、パリ上級者さんにもきっと満足してもらえるでしょう。

さらに、パリから少し足を延ばして日帰りで行ける2つの街、ヴェルサイユとシャルトルの街歩きも紹介しています。せっかく時間をかけて行くのだから、ヴェルサイユ宮殿とシャルトル大聖堂、観光客向けのお店を訪れるだけではもったいない。ぜひ街の中も歩いて、パリとはまた違った表情の街並みを発見してください。

さあ、この本片手に"ふたたび"小さなパリの街を歩きはじめましょう！

この本の使い方

歩いて楽しむパリと郊外の本です

私たちが運営するパリ情報サイト、トリコロル・パリに寄せられる「パリの旅をもっと効率的に歩きたい」という読者からの声に応えて作った「歩いて楽しむパリの本」です。

シャンゼリゼやエッフェル塔、ルーヴル美術館といった必ず訪れる有名スポットのある地区を中心に、観光の前後の時間を利用して、すべて歩いて行けるおすすめブティックやレストランを紹介しています。

新オープンの店や普通のガイドブックには載っていないレストランやホテル、そしてパリ郊外のヴェルサイユとシャルトルの情報も加わって、パリは初めてという人はもちろん、限られた時間しかない人、そして何度も訪れているパリ常連さんにも満足してもらえる1冊です。

{ お店紹介の見方 }

お店はエリアごとに紹介しています。

メトロ12番線の通る Lamarck Caulaincourt 駅が最寄りという意味です。

下2桁が区を示します。この場合はパリ18区。

予算は1人当たりです。

定休日と夏のバカンスを示します。無休と書かれていても、祝日や年末年始は休みの場合があります。

お店のジャンルを下記のアイコンで示しています。

 レストラン　 グルメ　 ファッション　 雑貨　 カルチャー　 ホテル（ランクを示す★の数は1〜5つ）

{ 地図の見方 }

おすすめの店が集まる場所を中心に、界隈を1つから複数のゾーンに分けました。迷ったり、時間があまりない人は、このエリアを中心にまわりましょう。

ぶらぶら歩きを楽しめる、おすすめのスポットを紹介しています。

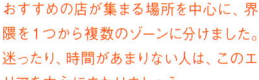

該当する界隈の周辺地図も載せています。トリコロル・パリのサイトや歩いて見つけたお店も自分で書き加えて、オリジナルのパリMAPを作ってみてください。

別の界隈への方向を矢印で示しています。まだまだ歩けそうという人は、2界隈を組み合わせたプランを組んでみるのもいいでしょう。

徒歩の分数は、地図上の2本の旗の間を普通のペースで歩いた時間です。エリアの大きさを把握する目安にしてください。

- WC 公衆トイレ
- S スーパーマーケット
- P 郵便局
- ATM ATM（24時間利用可）
- € 両替所
- ✚ 薬局
- M メトロ（地下鉄）
- RER パリ郊外電車
- ★ 観光スポット

5

パリ歩きの基本情報

{ ほんとに小さいんです }

東京の山手線の内側に入るほど小さい、とよく言われるパリですが、実は観光客が歩くパリはもっと小さいのです。ほとんどの観光スポットが、中心から半径4kmぐらいのエリアに集中しているからです。歩きはもちろん、メトロを活用すればどこに行くのもあっという間。想像以上に盛りだくさんの旅ができることでしょう。

{ とにかくメトロが便利 }

メトロの駅はパリのいたるところにあると言っても過言ではありません。駅と駅の間隔は1～2分ほど。階段の上り下りや通路を歩く時間、待ち時間を考えれば、1駅や2駅ぐらいなら歩いてしまったほうが早い、という場合も多くあります。

{ 回数券でどこへでも行ける }

10枚綴りの回数券（カルネ）を買えば、パリ中どこへでも1枚で行けます。自動券売機しかない駅が増えているので、小銭かカードを用意しておきましょう。また、チケットを携帯電話やカードのそばにおくと磁気が読み取れなくなるので、別々に保管すること。改札を通れなくなったら窓口に申告して新しいチケットをもらいましょう。

{ レンタル自転車なら1日1.7€ }

2007年の誕生以来、パリジャンの必需品となったレンタル自転車、Vélib'（ヴェリブ）は上手に活用すれば1日たったの1.7€ですいすい移動ができて便利。料金などの詳細は公式サイトで確認しましょう。
http://www.velib.paris.fr

{ おしゃれしすぎは禁物！ }

日本人観光客がパリで目立つ理由のひとつは、とてもきれいな服装をしていること。実のところ、普通のパリジャン、パリジェンヌたちは私たちが期待するほどすてきな格好をしていないのです。スリに狙われないためにも、ほどほどのおしゃれが一番。普通のレストランはもちろん、たとえ星付きのレストランでも、小ぎれいな服装であれば十分です。スニーカーのほかにシックな1足があると、いざというときに安心。

{ パリを安全に歩こう }

パリで注意すべきは信号。多くのパリジャンが赤でも無視して渡りますが、車や自転車が縦横無尽に走るなか、つられて渡るのは危険です。また、観光客が訪れるモニュメントの周辺に多く残る石畳の道はヒールの天敵。思う存分歩きまわるためにも靴は歩きやすさ優先で選びましょう。

{ お店でのマナー }

お店に入るときはBonjour（ボンジュー）と客から挨拶。出るときもMerci（メルシィ）と一言。高級店では商品をむやみに触らない。大声で店員やウェイターを呼ばない。音を立てて食べない。また、お店や道で大きな声で話すのもNGです。とりわけ友だち同士の旅だとつい気がゆるんでしまいますが、できるだけ落ち着いた行動をとるようにしましょう。

{ トイレに行きたくなったら }

Toilettes（トワレット）/Accès（アクセ）Gratuit（グラチュイ）と書かれた大通り沿いに建つグレーの公衆トイレは無料。レストランやカフェに入ったときは、トイレに行くようにしましょう。

持ち物リスト

パリの日用品は日本で買うより高くつくことが多いし、探すと意外と見つからなかったりするものです。荷物を軽くしたくても、これは持ってきたほうがベターと思えるものをご紹介します。逆に、これはパリで買うべきというものもあるので、ぜひ参考にしてください。

「あれを持ってくるのを忘れた!」というときでも大丈夫。この本の地図で「S」と表示されているスーパーマーケットを上手に活用しましょう。ちなみに、栓抜き、ナイフ&フォーク、コップ、ばんそうこうなどは思い切ってホテルのフロントに借りられないか聞いてみるというのも手です。

そして、スーツケースの大半を占める洋服選びは荷造りを成功させる大切なポイント。出発ぎりぎりまでトリコロル・パリのサイトをチェックして、気まぐれなパリのお天気対策を万全に!
毎日の服装でつづるパリのお天気カレンダー:
http://www.tricolorparis.com/meteo/top.html

{ 日本から持っていくと便利なもの }

折り畳み傘orフード付きレインコート: きまぐれなお天気、急な雨の対策に。霧雨の多いパリではレインコートで十分な場合も。

カーディガン&ストール: 1年を通じて日本よりも気温が低く、変化も激しいので、簡単に脱ぎ着できるアイテムは真夏でも必須。

歯ブラシセット: ホテルにはないことが多く、フランスで買うと案外高い。

スリッパ: これもほとんどのホテルになく、買おうと思ってもなかなか見つからない。

リンス: シャンプーはあってもリンスがないホテルがほとんど。小さな旅行用サイズを持ってくるのが一番。

ジップ付きビニール袋: 食べきれないパンやお菓子を保存したり、石鹸や香水など匂いの強いものや液体のものを入れたりするのに便利。

小さな密閉容器: マカロンなど壊れやすいお菓子を持ち帰るための必殺技。

プラグアダプター: コンセントプラグの形が違うので、日本→フランスのアダプターは必須。パリでは見つけづらいので、忘れないよう要注意。

ガムテープ: スーツケースが壊れたときや袋が破れたとき、壊れものを持ち帰るときの補強など何かと便利。

{ パリで買うと便利なもの }

ポケットサイズのパリの地図: 青い表紙のPlan de Paris(プラン ドゥ パリ)は、本屋やキオスク、スーパーのMONOPRIX(モノプリ)などで購入可能。値段は7€程度。

ペットボトルのミネラルウォーター: スーパーで割安の6本パックを買い置きして、毎朝かばんにしのばせるのが賢いやり方。

スーパーのエコバッグ: ショッピングで荷物が多くなったら、スーパーのエコバッグを探してみよう。安くてかわいいデザインのものが多いので、おみやげにもなりそう。

リップクリーム&ハンドクリーム: 想像以上に乾燥しているパリでは、日本から持参したものでは効果なし、という場合も。薬局を見つけたらすぐに購入しよう。Caudalie(コーダリー)やNuxe(ニュクス)がおすすめ。

おむつやベビーフードなどの赤ちゃんグッズ: かさばるおむつは、ちょっと高いけどパリで買うのが一番。ベビーフードや果物のコンポートなどもスーパーで簡単に手に入るので安心。いざというときの粉ミルクは薬局で。

パリの右岸と左岸

「パリの右岸、左岸」という呼び方は、パリの中心を東から西に流れるセーヌ川を基準にしています。つまり、川をはさんで北（上側）を右岸Rive Droite、南（下側）を左岸Rive Gaucheと呼ぶのです。シャンゼリゼやオペラのリュクスな雰囲気と、モンマルトルの庶民的な空気が混在する右岸。学生街のカルチエ・ラタン、文豪が集ったサンジェルマンなど文芸の香りが漂うシックな左岸。どちらも独特の個性と魅力にあふれ、旅行で訪れただけでもきっと右岸派、左岸派を語りたくなるでしょう。

パリの中心に位置するサン・ルイ島は便宜上左岸として紹介していますが、マレと同じ4区にあたり正確には右岸といえます。

{ 右岸 Rive Droite }

オペラ Opéra（P11）
オペラ座、ルーヴル美術館、デパートのあるこの界隈はパリの中心。通称「日本通り」もある日本人旅行者にとって欠かせない場所。

マレ Marais（P29）
パリで最も古い界隈のひとつで、個性的なクリエイターやブランドのお店が集まるおしゃれスポット。特に北マレはパリらしい買い物を楽しめる。

シャンゼリゼ Champs Elysées（P45）
コンコルド広場から凱旋門に向かって延びる、世界で最も美しい通りとうたわれるシャンゼリゼ大通り。Paris by night（パリの夜遊び）を楽しむ人も多く、オペラ座と並んで華やかな右岸を象徴する界隈。

バスティーユ Bastille（P57）
観光スポットは少ないが、シャロンヌ通りのクリエイターショップやフォーブール・サンタントワーヌ通りのインテリアショップを覗くのも楽しい。

モンマルトル Montmartre（P65）
サクレ・クール寺院を背に見下ろすパリの姿はやっぱり美しい。映画『アメリ』そのままにおしゃれな下町といった雰囲気で、パリジャンが暮らしたい人気カルチエのひとつ。

サン・ルイ島 Ile Saint Louis（P133）
セーヌ川に浮かぶ小さな2つの島。シテ島にはノートルダム大聖堂、サント・シャペル、裁判所、パリ警察、サン・ルイ島にはベルティヨンやおみやげ店が並び、旅行者なら一度は訪れたい場所。

{ 左岸 Rive Gauche }

サンジェルマン・デプレ Saint Germain des Prés（P95）
パリの文豪や哲学者たちが集ったカフェ・ド・フロールやレ・ドゥー・マゴが今も残り、「芸術と文学の左岸」を体現している界隈。セーヌ近くのギャラリーや骨董店は散策にぴったり。

カルチエ・ラタン Quartier Latin（P111）
ソルボンヌ大学をはじめとする学校が点在し、学生たちの活気であふれる。割安なレストランやホテルも多い穴場スポット。クリュニー中世美術館、リュクサンブール公園はおすすめ。

アンヴァリッド/エッフェル塔 Invalides/Tour Eiffel（P123）
閑静な官庁街とグルメなお店でにぎわう通りが対照的な、2つの顔を持つ界隈。エッフェル塔を訪れたら、少し足を延ばしてサン・ドミニック通りとクレール通りを歩いてみて。

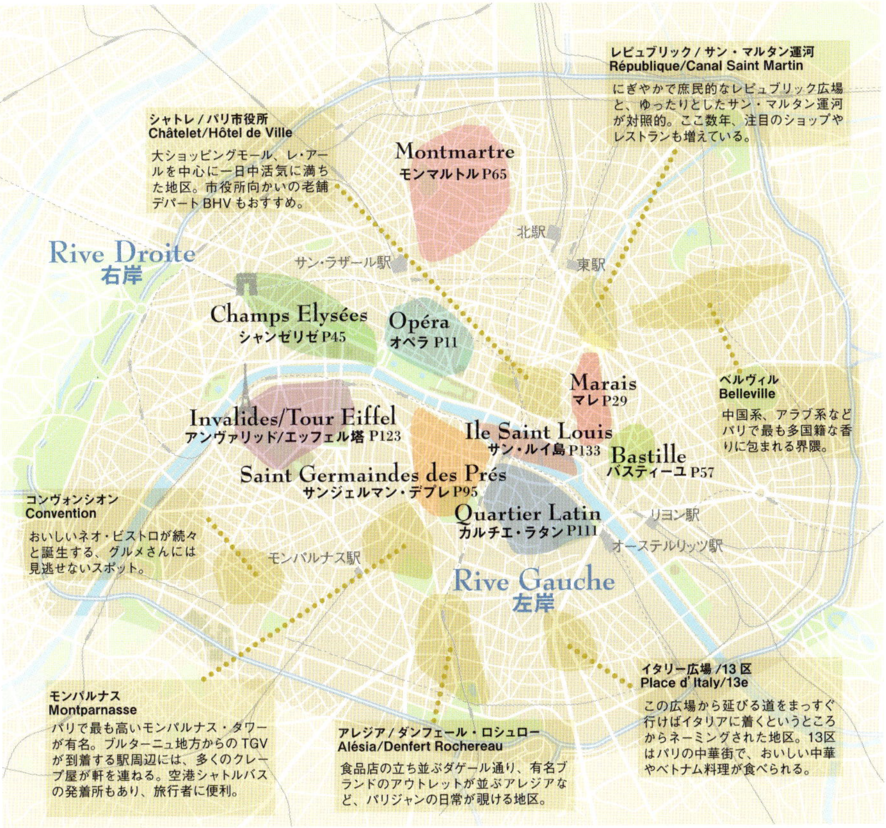
レピュブリック / サン・マルタン運河
République/Canal Saint Martin
にぎやかで庶民的なレピュブリック広場と、ゆったりとしたサン・マルタン運河が対照的。ここ数年、注目のショップやレストランも増えている。
シャトレ / パリ市役所
Châtelet/Hôtel de Ville
大ショッピングモール、レ・アールを中心に一日中活気に満ちた地区。市役所向かいの老舗デパートBHVもおすすめ。
Montmartre
モンマルトル P65
北駅
東駅
サン・ラザール駅
Rive Droite
右岸
Champs Elysées
シャンゼリゼ P45
Opéra
オペラ P11
Marais
マレ P29
ベルヴィル
Belleville
中国系、アラブ系などパリで最も多国籍な香りに包まれる界隈。
Invalides/Tour Eiffel
アンヴァリッド/エッフェル塔 P123
Ile Saint Louis
サン・ルイ島 P133
Bastille
バスティーユ P57
Saint Germaindes des Prés
サンジェルマン・デプレ P95
コンヴォンシオン
Convention
おいしいネオ・ビストロが続々と誕生する、グルメさんには見逃せないスポット。
Quartier Latin
カルチエ・ラタン P111
リヨン駅
オーステルリッツ駅
モンパルナス駅
Rive Gauche
左岸
イタリー広場 /13 区
Place d' Italy/13e
この広場から延びる道をまっすぐ行けばイタリアに着くというところからネーミングされた地区。13区はパリの中華街で、おいしい中華やベトナム料理が食べられる。
モンパルナス
Montparnasse
パリで最も高いモンパルナス・タワーが有名。ブルターニュ地方からのTGVが到着する駅周辺には、多くのクレープ屋が軒を連ねる。空港シャトルバスの発着所もあり、旅行者に便利。
アレジア / ダンフェール・ロシュロー
Alésia/Denfert Rochereau
食品店の立ち並ぶダゲール通り、有名ブランドのアウトレットが並ぶアレジアなど、パリジャンの日常が覗ける地区。

シャルルル・ド・ゴール空港
Yvelines
イヴリーヌ
Paris
パリ
Versailles
ヴェルサイユ P78
オルリー空港
Dreux
ドルー
Rambouillet
ランブイエ
Maintenon
マントノン
Melun
ムラン
Essonne
エッソンヌ
Auneau
オノー
Etampes
エタンプ
Chartres
シャルトル P88

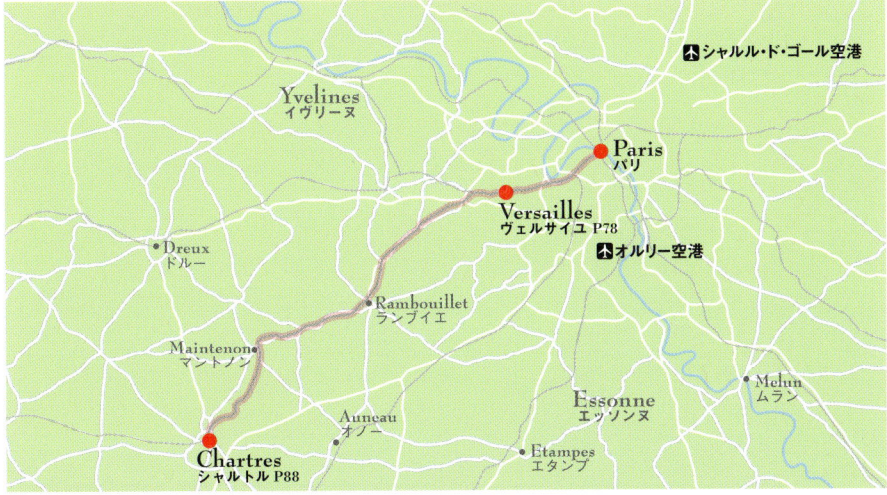

もくじ

2 はじめに
4 この本の使い方
6 パリ歩きの基本情報
7 持ち物リスト
8 パリの右岸と左岸

Rive Droite　右岸

11 Opéra　オペラ
29 Marais　マレ
45 Champs Elysées　シャンゼリゼ
57 Bastille　バスティーユ
65 Montmartre　モンマルトル

Petit voyage　日帰り旅行

78 Versailles　ヴェルサイユ
88 Chartres　シャルトル

Rive Gauche　左岸

95 Saint Germain des Prés　サンジェルマン・デプレ
111 Quartier Latin　カルチエ・ラタン
123 Invalides / Tour Eiffel　アンヴァリッド／エッフェル塔
133 Ile Saint Louis　サン・ルイ島

Vous voyagez avec...　誰かと行くなら

142 personne âgée　年配の人と
145 petit ami　彼氏と
148 enfant　子供と

152 ジャンル別索引
156 おわりに

パリの旅はやっぱりここからスタート

Opéra
オペラ

多くの人が記念すべき1日目に訪れるこの地区は、気がつけば滞在中に何度も足を運ぶ大切なエリア。数々の観光スポット、人気ブランドの並ぶサントノレやラ・ペ通り、和食が恋しくなったらサンタンヌ通り、出発前のおみやげ探しにデパートへと、ここを上手に歩きこなすことが、パリ旅行を成功に導くカギなのかもしれません。

{ 主な観光スポット }

オペラ・ガルニエ
ルーヴル美術館
オランジュリー美術館
チュイルリー公園
ヴァンドーム広場
ギャラリー・ラファイエット、プランタン
日本の旅行代理店・書店・レストラン

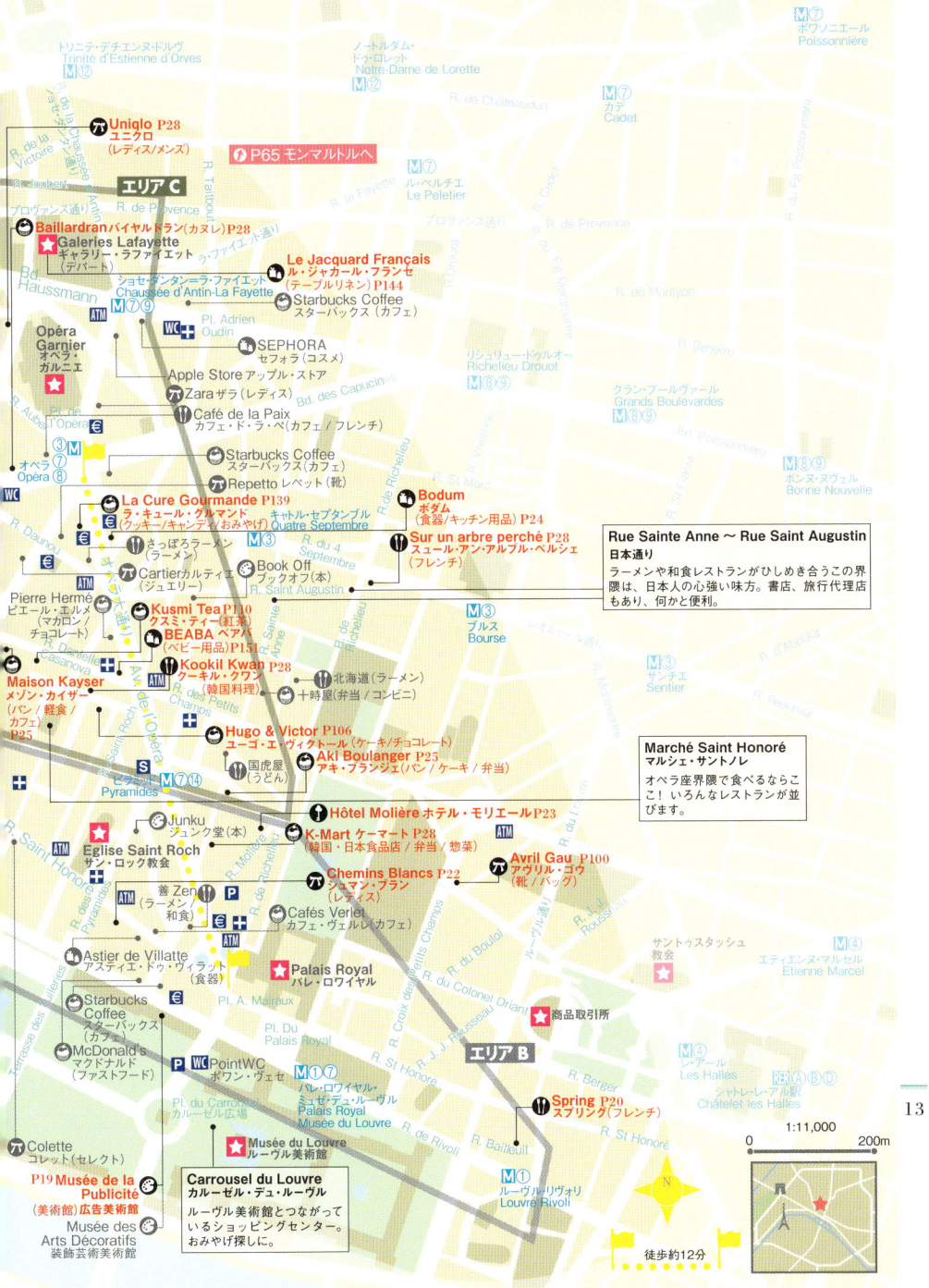

A Opéra

無名だけど
すてきなお店を探して

フランスを代表する二大高級エピスリー、フォションとエディアールが軒を連ねるマドレーヌ広場を中心にしたこのエリア。すぐ近くのデパート街や、ブランド店の並ぶサントノレ通りばかりに足を向けてしまいがちですが、周辺をくまなく歩いてみると、ワインやはちみつなどの名産品やお菓子、葉巻など、伝統的な品々を扱う小さな商店が想像以上にたくさんあることに気づいて楽しめます。

オリジナルな切手が作れる一風変わった文具店
Le Carré d'Encre
ル・カレ・ダンクル

書いたり描いたりすることで生まれるコミュニケーションがテーマのこのお店は、フランスの郵便局La Poste(ラ ポスト)が2009年末にオープンした文具店。郵便局の経営といっても、ここに普通の郵便グッズはありません。手紙、カリグラフィ、スクラップブッキングにまつわる品々はバラエティに富んでいて、まさに書くことや描くことを楽しくしてくれそうなものばかり。パリのカードや、おみやげにぴったりな小物も見つかるので、旅行者なら一度は覗きに行きたいお店です。持参した画像データ、またはその場で撮影した写真を使って自分だけの切手を作れるサービスはこの店オリジナル。記念切手が1枚から買え、2kgまでの封書を受け付けてくれる郵便サービスももちろんあります。

左：定期的に発売される記念切手が揃う。
右：切手製造マシンは英語表示も選べる。日本に手紙を送るための切手は10枚綴り16€。

13bis rue des Mathurins 75009
電話：01 53 05 81 61
メトロ：Havre Caumartin ③⑨
営業日：月〜土 10:00-19:00　定休日：日
カード：VISA, Master
http://www.lecarredencre.fr

Opéra　　A

店内奥の切手販売スペース。シートでも1枚から買える。

普通の絵はがきに飽きたら、この店でフランスらしい個性的なカードを選んで。

いくつのモニュメントを見つけられたか、競争してみては？

パリの360度パノラマを楽しむならここ！
Le Déli-cieux
ル・デリシュー

プランタン・デパートのメゾン館8階までエレベーターで、それからエスカレーターに乗り換えて屋上にたどり着くと、パリの全景が眼下に広がります。エッフェル塔、凱旋門、オペラ座、ノートルダム大聖堂、グラン・パレ、アンヴァリッド、サクレ・クール寺院……この場所から、ほぼ360度のパノラマでパリ中のモニュメントが眺められることを知っている人はパリジャンでも案外少ないかもしれません。ここには「ル・デリシュー」というレストランがあり、一日中ノンストップで具だくさんのサラダやキッシュ、チーズバーガーなどの軽食を食べられます。晴れの日には外のテラス席を選んで！もちろんこのお店で食事をしない人も無料で屋上に上ることはできますが、飲食物の持ち込みは禁止なので要注意。

晴れた日には、パリの絶景を楽しみつつランチをとる人でテラス席はいっぱいに。

64 boulevard Haussmann 75009
（プランタン・デパート メゾン館9階）
電話：01 42 82 62 76
メトロ：Havre Caumartin ③⑨
営業日：月-水・金-土 9:35-20:00、
木 9:35-22:00　定休日：日
カード：VISA, Master, AMEX, JCB

Opéra

さまざまなサイズのパッケージが揃う。

店員さんにはちみつの効能を聞いて選んで。

おいしくて体にも良い自然の恵み、はちみつの専門店

Maison du Miel

メゾン・デュ・ミエル

養蜂家のシャルル・ガランが1898年に創業した老舗のはちみつ店。お店全体が歴史的建造物の指定を受け当時のままに残されていて、ハチの模様入りの床タイルや大理石のカウンターが長い歴史を物語っています。品質を守るため、丁寧なはちみつ作りを続ける小規模な生産者とのみ提携し、世界中から厳選したはちみつは45種類。高温で一気に溶かされる大量生産のはちみつとは異なり、30度の湯煎でゆっくり溶かして瓶詰めされるため、風味や栄養が守られているのです。コルシカ島の栗の木やラベンダー、もみの木などしっかりした風味が特徴のはちみつがおすすめで、値段は500gで6€〜、250gで4€〜。さらに、はちみつを使ったマドレーヌやキャンディ、石鹸はお土産にもぴったりです。

9〜1月にはパリ・モンソー公園の蜂の巣で作られる貴重なはちみつも手に入る。

24 rue Vignon 75009
電話：01 47 42 26 70
メトロ：Madeleine ⑧⑫⑭
営業日：月-土 9:30-19:00
定休日：日
カード：VISA, Master, Amex, JCB
http://www.maisondumiel.com

広々とした2階フロアはゆったりとショッピングを楽しめる。

フランスで一番人気のオーガニック・アパレル
Ekyog ㊙
エキョグ

まだBIO(オーガニック)の認識が低かった2004年にスタートした、フランスのオーガニック・アパレルの先駆者的存在。殺虫剤、化学肥料、遺伝子組み換えを排除して生産された綿花から作られたオーガニック・コットンのほか、麻やウール、ミルク繊維など天然素材にこだわっており、生産にあたる労働者たちがより良い環境で働けることなども厳しい倫理規定で取り決めています。でもこのブランドが人気なのは、そんなブランドポリシーだけが理由ではありません。流行にとらわれすぎず毎日着られるスタイルは、若い学生から60代の女性まで幅広い世代に支持されています。通常より6割増のコストがかかるオーガニック・コットンを用いているのにリーズナブルな価格に抑えているのも魅力です。

ベビー服のほか、ベルトやバッグ、アクセサリーなどの小物も充実。

30 rue Tronchet 75009
電話 : 01 42 66 18 03
メトロ : Havre Caumartin ③⑨
営業日 : 月-土 10:30-19:30　定休日 : 日
カード : VISA, Master, AMEX
http://www.ekyog.com

Opéra B

パリの見どころが
ぎゅっと詰まった定番エリア

ルーヴル美術館で数々の名作を堪能した後、チュイルリー公園では木陰のベンチでひと休み。ブランドショップのウィンドウを覗きながらサントノレ通りをそぞろ歩き、たどり着いたコンコルド広場では夕陽に照らされたエッフェル塔の姿にうっとりする……。パリを訪れる人々が磁石のようにここに惹きつけられるのは、パリのすてきな横顔をほとんどすべて見せてくれるエリアだからなのです。

フランスの広告芸術の奥深さを知る
Musée de la Publicité 🎨
広告美術館

装飾芸術美術館、モード&テキスタイル博物館と同じ入場券で入館できるルーヴル宮内の美術館。ロートレックやサヴィニャックを生んだ国だけに、フランスの広告芸術には見どころがいっぱい。企画展のみなので、事前にテーマをチェックして行くとよさそう。なお取材時はロートレックにも影響を及ぼした20世紀初めの人気ポスター画家、ジュール・シェレ展でした。

フランスを代表する建築家、ジャン・ヌーヴェルが1999年にリニューアルを手がけた展示室。

107 rue de Rivoli 75001　電話：01 44 55 57 50
メトロ：Palais Royal Musée du Louvre ①⑦、Tuileries ①
開館日：火-水、金 11:00-18:00、木 11:00-21:00、
土-日 10:00-18:00　閉館日：月
料金：通常 9€、割引 7.5€、18歳未満無料
http://www.lesartsdecoratifs.fr

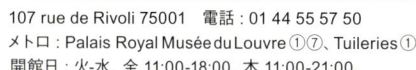

真鯛のマリネ、卵黄とキンセンカのソースとほうれんそう添え。絵画のような美しさの一品。

パリのグルメをうならせるアメリカ人シェフの実力

Spring
スプリング

アメリカ人シェフ、ダニエル・ローズさんが9区で話題を集めたお店を1区に移して2010年7月に再オープン。料理が作り出される厨房と客席の境目がまったくないオープンキッチンが彼のスタイルです。昼も夜もコースのみ（昼38€、夜64€）で内容は毎日、その日のマルシェやシェフの気分によって変わります。「季節は徐々に移ろうもの、それに応じて食材の味も変化するから、同じコースを何ヶ月も続けることに違和感を覚える」と語るダニエルさんの真摯な姿勢が、とかく「シェフがアメリカ人だということ」を色眼鏡で見るグルメなフランス人をも納得させる理由なのかもしれません。要予約ですが、あまりの人気で予約を取りづらいのが玉にキズ。電話予約は15:30〜19:30のみ受け付け。

地下には火〜土曜日の午前0時までオープンしているバーがあり、生ハムなどを気軽につまめる。

6 rue Bailleul 75001
電話 : 01 45 96 05 72
メトロ : Louvre Rivoli ①
営業日 : 水-金 12:00-14:30、火・土 20:00-22:00
定休日 : 日、月、2月2週間、8月2週間
予算 : 昼 38€、夜 64€
カード : VISA, Master
http://springparis.blogspot.com

かちっとしたジャケットやコートにも女性らしさがただよ～ 大人の女性のキュートさを引き出してくれるアイテムが揃う。

オフィスにも着ていけるロマンティックな大人服
Chemins Blancs
シュマン・ブラン

「シュマン・ブラン」の歴史はデザイナーであるモニック・レネールさんのシンデレラストーリーでもあります。オランダ出身のモニックさんはもともとデザイナーを目指していましたが、モデルとしてスカウトされて80年代に世界中で活躍。そして1989年、フランスのアパレルメーカーの跡継ぎ息子であるフレデリックさんと出会って恋に落ち結婚。夫の協力を得て、かねてからの夢だったデザインの道に再挑戦することになり、1991年「シュマン・ブラン」を立ち上げました。その洗練されたスタイルとシンプルで美しいカッティング、良質な素材づかいとディテールへのこだわりが人気の理由。ブランド限定の個性的なプリント柄のワンピースは、フェミニンで特におすすめです。

フランス北部リールで誕生したこのブランドのパリ1号店は、このサントノレ通りのお店。

177 rue Saint Honoré 75001
電話：01 42 60 23 35
メトロ：Pyramides ⑦⑭、
Palais Royal Musée du Louvre ①⑦
営業日：月-土 10:00-19:00　定休日：日
カード：VISA, Master, AMEX, JCB
http://www.cheminsblancs.com

Opéra

フランス人のお宅に招待されたようなアットホームな雰囲気の客室。

常連さんの多いパリの我が家のようなプチホテル
Hôtel Molière
ホテル・モリエール ★★★

日本人にはなにかと便利で心強いオペラ座界隈にある「ホテル・モリエール」は、パリの中心という理想的なロケーションとフランスらしい内装、リーズナブルな料金が魅力のプチホテルです。信頼のおけるスタッフと家庭的な雰囲気で、多くの利用者が定宿にしているパリの我が家のような存在です。かつてルイ14世の外科医の邸宅だった歴史ある建物で、花柄の壁紙や天蓋付きベッドがロマンティック。サロンと2つの客室に分かれたスイートは4名での利用も可能で、グループや家族連れにもぴったり。ルーヴル美術館やデパート街、日本の旅行代理店やツアーの集合場所、和食店へも歩いてアクセスできるから、観光も食事もショッピングもスムーズに、効率的なパリ滞在を手助けしてくれます。

4人で利用できるスイートは、パリのホテルでは見つけにくい貴重な存在。値段もリーズナブル。

21 rue Molière 75001
電話：01 42 96 22 01
メトロ：Pyramides ⑦⑭、
Palais Royal Musée du Louvre ①⑦
料金：シングル 120〜180€、
ダブル 155〜200€、ツイン 178〜200€
カード：VISA, Master, AMEX, JCB
http:// www.hotel-moliere.fr

C Opéra

ここを選んでおけば安心！
パリの日本人が集うエリア

オペラ座とパレ・ロワイヤルに挟まれたこのエリアは、なんといっても日本からの旅行者に一番人気。オペラ座やルーヴル美術館など超有名スポットはもちろん、ギャラリー・ラファイエットやプランタンといった日本人スタッフのいるデパートに近いのが安心感の理由。フランス料理で胃が疲れたら、「本物の」和食レストランが並ぶ日本人街、サンタンヌ通りに向かいましょう。

日々の暮らしに美しいデザインをプラス

Bodum
ボダム

1944年にデンマークで誕生したキッチンウェア・ブランド。創業者のピーター・ボダム氏は、デザイン性に優れた日用品を考案した先駆者的存在。パリ初の旗艦店は、広々とした2フロアにボダムのほぼすべての商品が揃います。誕生以来1億個も生産されたコーヒーメーカー「ビストロ」や、2層ガラス「ダブルウォール」のグラスなど、美と機能性を兼ね備えたロングセラー商品がたくさん。

シリコンを巻き付けたタイプのグラスは、熱いコーヒーや紅茶を飲むのに便利。

38 avenue de l'Opéra 75002
電話：01 42 33 01 68
メトロ：Opéra ③⑦⑧
営業日：月-土 10:00-20:00　定休日：日
カード：VISA, Master, Amex, JCB
http://www.bodum.com

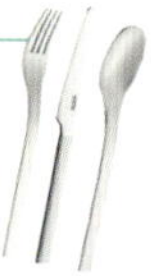

Opéra

日本の味が恋しくなったら駆け込んで！

Aki Boulanger
アキ・ブランジェ

和食店が並ぶ通称「日本通り」に、パリ在住者はもちろん旅行者にとってもありがたい日本のパン屋さんが誕生。あんぱん、やきそばパン、カレーパン、抹茶やイチゴのショートケーキやシュークリームなど、日本の惣菜パンやケーキをパリで買える唯一の場所。各種お弁当やカツ丼、カレーライスなどごはんものも充実し、イートインできるのもうれしい限り。ほっとするおいしさで、日本が恋しくなったら足を運んでほしいお店。

ボリュームたっぷりの豚のしょうが焼きや鶏の唐揚げ、エビフライのお弁当が8〜9€。フレンチ続きで疲れた胃にありがたい。

16 rue Sainte Anne 75001
電話：09 51 84 17 04
メトロ：Pyramides ⑦⑭
営業日：月-土 7:30-20:30　定休日：日
カード：不可、現金のみ

オペラ座界隈で手早く安く、おいしく食べるなら

Maison Kayser
メゾン・カイザー

おなじみのブランジュリー「メゾン・カイザー」がヴァンドーム広場近くにオープンしたこのお店は、テイクアウトもイートインもOK、朝7時から夜8時半までノンストップで利用できる旅行者にとって心強い味方。カイザーならではの自家製酵母のパンや野菜たっぷりのキッシュ、デニッシュ、パティスリーと本格的な味を手早く楽しめるおすすめのアドレス。

気軽に食事のできる場所が案外少ないオペラで便利に使いたいお店。日本の店舗との味の違いを確かめるのも面白い。

33 rue Danielle Casanova 75001
電話：01 42 97 59 29
メトロ：Opéra ③⑦⑧、Pyramides ⑦⑭
営業日：月-土 7:00-20:30　定休日：日
カード：VISA、Master (7€から利用可)
http://www.maison-kayser.com

ちょっと寄り道

Village Royal
ヴィラージュ・ロワイヤル

25 rue Royale 75008　メトロ：Madeleine ⑧⑫⑭
営業日：月-土 8:00-20:30 通り抜け可　定休日：日
http://www.villageroyal.com

マドレーヌ広場を背に、車通りも人通りも多いロワイヤル通りをコンコルド広場に向かって歩き、25番地の角を右に入ると、今までの喧騒が嘘のように静かな小道にたどり着きます。ロワイヤル通りとボワシー・ダングラ通りをつなぐこの道は、1746年の誕生当時「アグソー市場」と呼ばれるマルシェで、このカルチエのパリジャンたちの胃袋を満たしていたとか。時は流れ、1992年からの大規模な改修で18世紀の建設時の姿へと忠実にリニューアル。「ヴィラージュ・ロワイヤル」として生まれ変わりました。シャネル、ディオール、アン・フォンテーヌ、エリック・ボンパールなど落ち着いた大人のセレクトのブティックはウィンドウショッピングだけでも楽しい。チョコレートのパトリック・ロジェもオープンして、ますます魅力が増しました。

\まだある！/
Opéra のおすすめ

Stéphanie Césaire
ステファニー・セゼール

日本でも注目の女性バッグクリエイター
フェミニンでエレガント、個性も主張できるバッグとしてパリはもちろん、日本でも人気を集めるステファニー・セゼール。すべてメイド・イン・フランスの上質バッグ。さらなる飛躍を予感させるクリエイターです。

住所：6 rue Saint Florentin
電話：01 42 97 43 43
営：月-土11:00-19:00　休：日

K-Mart
ケーマート

日本の味も見つかる韓国食品店
オープン以来パリに住む日本人が重宝しているコンビニ風食品店。ペットボトルのお茶やお菓子のほかに、おにぎり、韓国風海苔巻き、ビビンバなども売っているので、アジアの味が恋しくなったらここで買って公園やホテルで食べるのがおすすめ。

住所：6 rue Sainte Anne　電話：01 58 62 49 09
営：毎日10:00-20:00　無休

Kookil Kwan
クーキル・クワン

パリに暮らす韓国人お墨付きのおいしさ
夜にはパリ在住と思われる韓国人のお客さんで大にぎわいを見せる庶民的なレストラン。ビビンバやプルコギ、チャプチェ、チヂミなどの定番料理がおいしい。ランチは15€程度。メニューに日本語あり。

住所：12 rue Gomboust
電話：01 42 61 04 18
営：月-土12:00-14:30/19:00-22:00　休：日

1T rue Scribe
アン・テ・リュ・スクリーブ

気軽に使える高級ホテルのサロン
オペラを代表する高級ホテル、ホテル・スクリーブのサロン・ド・テ。ゆっくりお茶できる場所が少ないこの界隈で知っておくと便利なアドレス。ロワッシーバス停留所のすぐそば。ケーキもおいしい。

住所：1 rue Scribe（ホテル・スクリーブ1階）
電話：01 44 71 24 24
営：毎日12:00-20:00　無休

Café Pouchkine
カフェ・プーシキン

ロシア風パティスリーを発見
モスクワの老舗高級レストラン「カフェ・プーシキン」のパティスリーがプランタンに登場。ロシアとフランス両国のお菓子の伝統を融合させたオリジナルなケーキが魅力。小さいイートインスペースも。

住所：64 bd Haussmann
（プランタン・デパート・モード館1階）　電話：01 42 82 43 31
営：月-土9:35-20:00　休：日

Baillardran
バイヤルドラン

ボルドー発カヌレの名店
パリではモンパルナス駅構内にスタンドがあるだけだったけれど、ボルドー市内ではカヌレの代名詞といえるこのメゾンが2010年、ついにオペラ座近くにパリ1号店をオープン。ぜひ本場の味を試してみて。

住所：12 bd des Capucines
電話：01 47 42 39 88
営：月-土10:00-19:30、日11:30-18:00　無休

Uniqlo
ユニクロ

すっかりパリジャンの定番ブランドに！
ユニクロが提案する「ベーシックでリーズナブルで質のよい服」はまさにパリジャンたちが求めていたものだったのか……。オープン以来のフィーバーは今も続き、週末になると試着やレジに長い行列が。

住所：17 rue Scribe
電話：01 58 18 30 25
営：月-土10:00-20:00（木は21:00まで）　休：日

Sur un arbre perché
スュール・アン・アルブル・ペルシェ

ブランコに揺られて癒しのランチタイム
大きな木の下に吊るされた揺り椅子がこの店の人気席。やさしい色合いの店内で、ほっとくつろげます。繊細な創作フレンチで日本人パティシエが作るデザートも美味。コーヒー付きランチ（20€）がおすすめ。

住所：1 rue du 4 Septembre　電話：01 42 96 97 01
営：月-土12:00-15:00/19:30-24:00（土は夜のみ）
休：日

いろんな顔が人気の秘密

Marais
マレ

ヴォージュ広場を中心に今も残る17世紀の貴族の館、クリエイターたちのおしゃれなブティック、ゲイ・コミュニティーのメッカ。パリでは珍しく日曜に開いているお店が多いのは、19世紀末にここに移り住んだユダヤ人たちの習慣。時を超えた多面体のように、さまざまな表情を見せるマレは、私たちを飽きさせることがありません。

{ 主な観光スポット }

ヴォージュ広場

ピカソ美術館

カルナヴァレ博物館

ユダヤ人街

Marais

ちょっと寄り道 P42
Marché des Enfants Rouges
マルシェ・デ・ザンファン・ルージュ
17世紀からの歴史を誇る屋内市場。食事ができるスタンドが並び、和食店もあり。

Rue Charlot〜Rue de Poitou
シャルロ通り〜ポワトゥ通り
小さなクリエイターのショップがいくつも並んでいるから、くまなく歩いてほしいエリア。

エリア A

M ⑤ ⑨ オベルカンフ Oberkampf
M ⑧ フィーユ・デュ・カルヴェール Filles du Calvaire

- Café Charlot P35 カフェ・シャルロ（カフェレストラン）
- Royalcheese ロワイヤルチーズ（メンズセレクト）P146
- La Chocolaterie ラ・ショコラトリー（チョコレート）
- Pauline Pin ポリーヌ・パン（バッグ）
- Monsieur Paris P36 ムッシュー・パリ（ジュエリー）
- Matières à réflexion paris マチエール・ア・レフレクシオン・パリ（バッグ）
- Comme des Garçons Pocket Store コム・デ・ギャルソン・ポケットストア（レディス／メンズ）
- Poilâne Cuisine de Bar ポワラーヌ・キュイジーヌ・ドゥ・バー（パン／カフェ）P44
- Delphine Pariente デルフィーヌ・パリアント（ジュエリー）P40
- Papier Tigre パピエ・ティグル（文房具／雑貨）P32
- La Jolie Garde-Robe ラ・ジョリ・ギャルドローブ（ビンテージ）
- Rose Bakery ローズ・ベーカリー（オーガニック）
- bibi idea shop P44 ビビ・イデア・ショップ（雑貨／インテリア）
- Junco Paris ジュンコ・パリ（アクセサリー）

AB33 P34 アベトラントゥトロワ（セレクト）
- P98 Ekjo エクジョ（レディス）
- The Collection ザ・コレクション P44（インテリア）
- P100 Tila March ティラ・マーチ（靴／バッグ）
- APC アーベーセー（レディス／メンズ）
- P44 Merci メルシー（コンセプトショップ／カフェ）
- Glou Glou グル・グル（フレンチ）
- Vanessabruno ヴァネッサ・ブリューノ（レディス）

M ⑧ サン・セバスチャン・フロワッサール St Sébastien Froissart
M ⑤ リシャール・ルノワール Richard Lenoir
サンタンブロワーズ St Ambroise

- Musée Picasso ピカソ美術館
- Tsumori Chisato ツモリ・チサト（レディス）
- Café Suédois カフェ・スエドワ（カフェ）
- Meert メール（ゴーフル）P105
- Petit Bateau プチバトー（子供服／レディス）
- Musée Carnavalet カルナヴァレ博物館
- Entrée des Fournisseurs アントレ・デ・フルニスール（手芸）
- Comptoir des Cotonniers コントワー・デ・コトニエ（レディス）
- Dyptique ディプティック（アロマキャンドル）
- L'Occitane ロクシタン（コスメ）
- Carette P44 カレット（ケーキ／サロン・ド・テ）
- Camper カンペール（靴）
- Brontibay ブロンティベイ（バッグ）
- ★ Place des Vosges ヴォージュ広場
- Pasta Linéa パスタ・リネア（イタリアン）
- Delphine Pariente デルフィーヌ・パリアント（ジュエリー）P40

M ⑧ シュマン・ヴェール Chemin Vert
M ① サンポール St Paul

- Culotte キュロット（セレクト）

Village Saint Paul
ヴィラージュ・サン・ポール
アンティークやデザインのお店が集まる。石畳の中庭は中世に戻ったような静けさ。

P57 バスティーユへ
バスティーユ広場
M ①⑤⑧ バスティーユ Bastille

徒歩約12分

1:8,000
0　　100m

Marais

新しもの好きのパリ歩きは、この場所からスタート！

かつて職人のアトリエが軒を連ねていたこの界隈には、10年ほど前から少しずつおしゃれなクリエイターショップがオープンし、「北マレ」の愛称もすっかり定着しました。シャンゼリゼやオペラが象徴するリュクスなパリとは異なり、ぐっと身近でセンスの良いパリの一面を見せてくれます。新しいショップが続々と誕生していて、いつも気になるエリアです。

注目のクリエイターユニットが手がける紙雑貨

Papier Tigre
パピエ・ティグル

マキシム、アガット、ジュリアンの3人のデザイナーが2011年に立ち上げたクリエイターユニット、「パピエ・ティグル」。「コレット」をはじめとするパリのセレクトショップで注目を集め、瞬く間にフランスのみならず、世界20カ国で知られる売れっ子クリエイターになりました。その人気を受けて、2013年に北マレ地区にオープンしたのがこのアトリエ・ショップ。独特な色使いと幾何学模様が美しいノートやグリーティングカード、便箋セット、折って壁に飾る収納ボックス、個性的なカレンダーなど、「パピエ・ティグル」のすべての商品が揃います。そのほか、さまざまなブランドとのコラボ商品も並び、ペーパープロダクトや雑貨が好きな人にはぜひ訪れて欲しいアドレスです。

好きなアルファベットを組み合わせて作れる自分だけのガーランドも人気。

5 rue des Filles du Calvaire 75003
電話：01 48 04 00 21
メトロ：Filles du Calvaire ⑧
営業日：火-金 11:30-19:30、
土 11:00-20:00　定休日：日、月
カード：VISA, Master
http://www.papiertigre.fr

Marais Ⓐ

白い壁と白木のミニマルな空間にカラフルな商品が賑やかに並ぶ。

今やフランスのセレクトショップや雑貨屋さんで必ず見かけるグリーティングカード。

甘過ぎない大人のカジュアルが見つかる。 　　　　　　　　　　　　店名はオーナーの頭文字と番地の組み合わせ。

北マレの先駆けセレクトショップ
AB33
アベトラントゥトロワ

オーナーのアガットさんが、シャルロ通りにセレクトショップをオープンしたのは2003年のこと。今でこそ「Haut Marais（マレの上部＝北マレ）」の愛称で親しまれるこの界隈も、当時はほんの少しのおしゃれなパリジャンの間でのみ知られていた場所でした。それから10年、「AB33」は、瞬く間に人気カルチエとなった北マレの移り変わりを見続けてきた、先駆者的存在のお店です。カウチが置かれくつろげる雰囲気の店内には、流行をおさえたカジュアルシックなアイテムが並びます。定番から新しいクリエイターまで、バランスのとれたブランドのセレクトにセンスが光ります。ランジェリーから靴、アクセサリーまで全身コーディネートできるのも魅力。

店内にはぬいぐるみやおもちゃもあり、子連れのママも多く訪れる。

33 rue Charlot 75003
電話：01 42 71 02 82
メトロ：Filles du Calvaire ⑧
営業日：火-土 10:30-19:30、
日 11:00-19:00　定休日：月、8月2週間
カード：VISA, Master
http://ab33.fr

Marais

真っ白なタブリエがきりっと凛々しいギャルソン。

パリでは珍しいエッグ・ベネディクト(12€)は人気メニュー。

なにげなくセレブが隣に座る北マレの人気カフェ
Café Charlot
カフェ・シャルロ

「カフェ・シャルロ」はこの界隈がおしゃれスポットとして注目されはじめた2007年にオープンした草分け的存在のお店。業界人も多く、マリオン・コティヤールやジュリア・ロバーツが来たこともあるそうですが、地元のお客さんを大切にする家庭的でフレンドリーなもてなしは変わらず。看板料理はエッグ・ベネディクトやハンバーガーなどNYスタイルの料理。日替わりの黒板メニューには必ずフレンチの1品を用意。昼の12時から24時までノンストップで食事ができるこのお店はいつ行っても大にぎわいです。かつてパン屋だったという美しい建物に、公衆電話や掛け時計、カレンダーなどレトロなオブジェ。黒いネクタイに白いタブリエのギャルソン。まさに「パリのカフェ」を満喫できる場所です。

大きなガラス張りのひさしが目印。テラス席はいつもたくさんの客でにぎわっている。

38 rue de Bretagne 75003
電話：01 44 54 03 30
メトロ：Filles du Calvaire ⑧
営業日：火-土 7:00-26:00
定休日：日、月
予算：食事サラダ13.50€～、
メイン15€～、デザート7.50€～
カード：VISA, Master

同じデザインのピアスでも、石の色の違いで自分なりの個性を出して。

私たちをとりこにする繊細ジュエリー
Monsieur Paris
ムッシュー・パリ

「ムッシュー・パリ」は、私たちお気に入りのジュエリーショップ。デザイナーのナディアさんは、ベリーショートの似合うすてきなパリジェンヌです。シンプルで潔いデザインに不均衡なフォルムのモチーフをプラスして、洗練さと手作りのぬくもりがバランス良く共存しているのが、彼女のクリエイションの大きな魅力。繊細なチェーンにサークルを合わせただけのシリーズは、クールな着こなしにもガーリーな雰囲気にもしっくりなじむ活躍度の高いアイテム。少しゆがんだ楕円に小さな天然石が揺れるピアスや、パパイヤの実に金メッキをほどこしたジュエリーは、一点ものにも似た強い印象を残します。華奢なアクセサリーや重ねづけが好きな人はきっと、とりこになるブランドです。

シャルロ通りに佇むアトリエ兼ブティック。ブルーのファサードが目に鮮やか。

53 rue Charlot 75003
電話：01 42 71 12 65
メトロ：Filles du Calvaire ⑧
営業日：火-金 11:00-19:00、
土 12:00-20:00、日 15:00-19:30
定休日：月　カード：VISA, Master
http://www.monsieur-paris.com

Marais B

過去と現在が
交差する場所

煉瓦造りの建物が美しいヴォージュ広場やユダヤ人街のロジエ通りといった「昔のパリ」を感じさせる場所と、人気のブランドショップが軒を連ねるフラン・ブルジョワ通りのように「今のパリ」を感じさせる場所、その2つの絶妙なバランスがこのエリアの魅力。テラスに座ってコーヒーを飲むだけで地元っ子気分になれる、すてきなカフェもたくさん。のんびり時間をかけて散策しましょう。

モカシンブーム再来の立役者
Bobbies Paris
ボビーズ・パリ

2010年に幼なじみの二人が立ち上げたパリ生まれのシューズブランド。靴底にポチポチのついたモカシンで、瞬く間にパリジャン・パリジェンヌの間でモカシン&スリッポンブームを巻き起こしました。履き心地の良さを追求するだけでなく、今までにない多くのカラー展開と流行の柄や飾りをアクセントにした靴は、これからもパリのスタンダードなアイテムとして男女問わず愛され続けるでしょう。

1 rue des Blancs Manteaux 75004
電話：01 42 78 34 09
メトロ：Saint Paul ①
営業日：月-土 11:30-19:30、日13:00-19:30
定休日：無休カード：VISA, Master, Amex
http://www.bobbies.fr

足元から元気になれるフランスらしいカラーバリエーション。モカシンだけでなくサンダルやブーツも、日本人の足にしっくりとくる心地よさ。

鴨のフォアグラ、柑橘とエスプレット唐辛子、生のジロール茸添え。

シンプル・イズ・ベストを体現するミニマル・フレンチ

Claude Colliot
クロード・コリオ

余分なものは加えず、あらゆる調理法で食材の持つ本来のおいしさを引き立たせるシェフ、クロード・コリオさんの世界観は、たびたび「ミニマルなキュイジーヌ」と表現されます。メニューにもその片鱗が見え、Pêche du jour（本日の魚）、Volaille d'Automne（秋の鶏肉）など、メイン食材を記しただけの潔いネーミング。季節や仕入れによってソースや付け合わせのディテールを変え、料理に柔軟性を与えたい、というのが彼のコンセプト。白いお皿にのった料理はどれも美しく、シンプルなのに奥深さを感じさせる味わいにうなります。メインには根菜を中心にした旬野菜が添えられヘルシー。ちょうどよいボリュームで、女性でもデザートまで楽しめます。笑顔のスタッフで魅力がさらにアップ。

カウンターにバースツールの席もあって気軽に食べられる雰囲気がうれしい。

40 clos des Blancs-Manteaux 75004
電話：01 42 71 55 45
メトロ：Rambuteau ⑪、
Hôtel de Ville ①⑪
営業日：火-土 12:00-14:15/19:00-23:00
定休日：日、月、8月
予算：昼2品 21€〜、3品 29€、
昼夜シェフのおまかせ 54€
カード：VISA, Master
http://claudecolliot.com

Marais

B

むき出しの石の壁とモダンなファニチャーが不思議にマッチしている。

ノスタルジックな雰囲気に思わず吸い込まれそう。　アクセサリーと雑貨が調和するディスプレイ。

ハイセンスなデルフィーヌさんのアイデアが詰まった場所
Delphine Pariente ㊗
デルフィーヌ・パリアント

独特の世界観を持つデザイナーとして、人気の高いデルフィーヌさん。古びた木馬やミシンとともにアクセサリーの並ぶショーウインドウは、ポエティックな魅力をたたえ、自然と足が止まります。ゴールドのプレートにフランス語が刻まれたペンダントは、シンプルだけれど、エスプリが感じられる定番アイテム。自ら蚤の市で見つけてきたアンティークのパーツを組み合わせたネックレスは、どれも一点もの。同じ通りに2店舗あり、8番地のお店は手頃なアクセサリーのほか、アンティーク雑貨や家具、ヴィンテージの洋服も見つかる、彼女のセンスの良さがぎゅっと詰まった空間です。斜め向かいの19番地のお店には、繊細なストーンがついたリングなど、よりハイクラスなビジューが並びます。

インテリアデザイナーとしても活躍するデルフィーヌさんの才能に脱帽。

8 et 19 rue de Turenne 75004
電話：01 42 71 84 64
メトロ：St-Paul ①
営業日：月-日 11:00-19:00
定休日：8月3週間
カード：VISA, Master
http://www.delphinepariente.fr
他店舗：10 rue des Filles du Calvaire 75003 (P31A)

Marais

ひとり暮らしのパリジェンヌのアパルトマンはこんな感じ……？

パリジェンヌのクローゼットをちょっと覗き見

JOY
ジョイ

イタリア人の母とアメリカ人の父を持ち、マレで生まれ育ったヴァレンティナさんはもともとデザイナー。パリのセレクトショップが、みんなそっくりのセレクトをしていて面白くない！と思った彼女が2006年にオープンしたこのお店は、「自分のクローゼットを公開しているのと同じ」というほど彼女の好きなものだけが集められています。

取り扱いブランドはSee By Chloé、Sonia By Sonia Rykiel、Cacharelなど。おばあさまから譲り受けたというシャンデリアをはじめ、蚤の市で見つけてきた味のあるオブジェばかりで構成されているレトロ・シックなインテリアも魅力。とりわけ、花柄の壁紙と美しい鏡台のある奥の試着室は必見です。

左の写真が鏡台のある試着室。ついつい長居したくなるコージーな空間。

38 rue du Roi de Sicile 75004
電話：01 42 78 94 88
メトロ：St-Paul ①
営業日：火-土 11:30-19:30、
日14:30-19:00　定休日：月、8月中旬2週間
カード：VISA, Master, AMEX
http://www.joyboutique.fr

ちょっと寄り道

Marché des Enfants Rouges
マルシェ・デ・ザンファン・ルージュ

39 rue de Bretagne 75003
メトロ：Filles du Calvaire ⑧
営業日：火-木 8:30-13:00/16:00-19:30、
金-土 8:30-13:00/16:00-20:00、日 8:30-14:00
定休日：月

1615年誕生のパリで一番古いこのマルシェは、近所の孤児院の子供たちが赤い服を着ていたことから「赤い子供の市場」と名づけられました。常設市として月曜以外の毎日、生鮮食品が買えるほか、このマルシェの魅力はなんといっても食事ができる屋台。おいしいラザニアが食べられるイタリア料理店、クスクスやタジンのモロッコ料理店、ヘルシーなレバノン料理店、スパイシーなクレオール料理店、クレープ屋などバラエティ豊か。そしておそらくこのマルシェの一番人気が日本食のお店「タエコ」。とんかつや鶏の唐揚げ、丼ものなど家庭料理が味わえ、お昼には長蛇の列ができます。外の簡易なテーブルと椅子は決して居心地のよいものではないけれど、パリジャンたちと相席で肩寄せながら食べるのも楽しい思い出になりそう。

まだある！ Maraisのおすすめ

A Merci
メルシー

今、パリで話題のコンセプトショップ

2009年のオープン以来、パリっ子たちの注目を集め続けるこの場所は、洋服、雑貨、キッチン用品、アクセサリー、子供服、花屋、カフェと、ひとくくりでは説明できないコンセプトショップ。おしゃれさんのマスト・アドレス。

住所：111 boulevard Beaumarchais
電話：01 42 77 00 33　営：月-土10:00-20:00　休：日

A The Collection
ザ・コレクション

壁紙ブームを生んだインテリアショップ

イギリス人デザイナーを中心に、芸術作品のような一風変わったウォールペーパーが数多く揃うお店。オーナーのアリソンさんは、ここ数年フランスに巻き起こっている壁紙ブームを生んだ立役者のひとり。デザインランプや食器も。

住所：33 rue de Poitou　電話：01 42 77 04 20
営：月11:00-17:30 火-土11:00-19:30　休：日

B Maison Larnicol
メゾン・ラルニコル

パリで見つかるブルターニュの甘い味

MOF（国家最優秀職人）の作るバターたっぷりのブルターニュ菓子がところ狭しと並ぶお店。塩キャラメルやチョコレート、フランボワーズなどさまざまなフレーバーのあるミニサイズのクイニーアマン（Kouignette）が名物。

住所：14 rue de Rivoli　電話：01 42 71 20 51
営：日-木9:30-22:00、金土9:30-23:00　無休

B Corpus Christi
コルピュス・クリスティ

ゴシックなのにガーリー、魅力的なアクセ

中世やルネッサンスを連想させるスケルトンや剣、鎖、王冠などのモチーフと華奢で繊細なデザインがマッチする独特なスタイルが人気のブランド。かっこいいメンズのアクセサリーも見つかる。

住所：64 rue du Vieille du Temple
電話：01 42 77 15 55
営：月日13:00-19:30、火-土12:00-19:30　無休

A bibi idea shop
ビビ・イデア・ショップ

パリでKawaii雑貨を探すならここ

人気のママブロガーがオープンした、かわいくてセンスの良い雑貨やオブジェがぎゅっと詰まったお店。カラフルでユーモアのあるセレクトはとっても魅力的で、子供も大人も大好きなものがきっと見つかる。

住所：35 rue de Bretagne　電話：01 42 77 12 82
営：月13:00-20:00、火-金11:00-20:00、土10:30-20:00
無休

B Première Pression Provence
プルミエール・プレッション・プロヴァンス

生産者の顔が見えるオリーブオイル

南仏プロヴァンスで伝統製法で作られる上質なオリーブオイルの店。生産者の顔写真や名前、経歴までが掲示され生産者と製品へのリスペクトが感じられる。パッケージもかわいいのでおみやげに。

住所：7 rue Ste-Croix de la Bretonnerie
電話：01 44 54 93 71　営：月-金10:30-14:30/
15:30-19:30、土10:30-21:30、日10:30-19:30　無休

B Carette
カレット

トロカデロの老舗がマレに進出

1927年創業、トロカデロ広場の名店カレットがヴォージュ広場に2店目をオープン。美しいアーケードと緑の中庭を眺めつつおいしいマカロンやケーキを味わえるテラスが人気。午後のケーキセット12€。

住所：25 place des Vosges
電話：01 48 87 94 07
営：月-火8:00-20:00、水-日8:00-23:00　無休

B Poilane Cuisine de Bar
ポワラーヌ キュイジー・ドゥーバー

田舎パンで有名な「ポワラーヌ」のレストラン。

サーモンやフォアグラなどのったタルティーヌのランチが人気。併設のお店ではパンはもちろん、人気のスプーンクッキーやリネンバッグ、ジャムなども購入できる。

住所：38 rue Debelleyme
電話：01 44 61 83 40
営：火-日8:30-20:30　休：月

知ってるようで実は知らないシャンゼリゼの素顔

Champs Elysées

シャンゼリゼ

パリに来る誰しもが一度は訪れるシャンゼリゼですが、凱旋門以外は特に見るものがないと思っている人も多いかもしれません。でも、世界中から人が集まり、古くからある店と新しい店が混在するこの通りにはエネルギーが満ちています。いつもよりもう少しゆっくり歩いて、知らなかった一面を見つけてみませんか？

{ 主な観光スポット }

凱旋門

シャンゼリゼ大通り

モンテーニュ大通り

グラン・パレ、プチ・パレ

ルイ・ヴィトン

ラデュレ

フーケッツ

Rue Poncelet
ポンスレ通り
月曜以外の毎日マルシェが立つにぎやかな商店街。

Fnac
フナック
(本/CD/DVD)

Paul
ポール Paul
(パン/ケーキ)

Eric Kayser
エリック・カイザー
(パン/ケーキ)

GAP
ギャップ
(レディス/メンズ/子供服)

habitat
アビタ
(インテリア) P64

Mariage Frères
マリアージュ・フレール
(紅茶/サロン・ド・テ)

Zenzan
前山
(和食)

La Maison du Chocolat
ラ・メゾン・デュ・ショコラ
(チョコレート)

McDonald's
マクドナルド
(ファストフード)

Car Air France
エールフランス
シャトルバス発着所

Cartier
カルティエ(ジュエリー)

Patrick Roger
パトリック・ロジェ
(チョコレート)

Montblanc
モンブラン (文房具)

McDonald's
マクドナルド(ファストフード)

Ch. de Gaulle Étoile
シャルル・ド・ゴール・エトワール駅

エリアA

Arc de Triomphe
凱旋門 ★

Peugeot Avenue
プジョー・アヴニュ
(ペッパーミル/ミニカー/ショールーム)
P51

P48 Publicis Drugstore
ピュブリシス・ドラッグストア
(コンビニ/おみやげ)

Hôtel Cristal Champs-Elysées
ホテル・クリスタル・シャンゼリゼ
P50

Lancel
ランセル

Lido
リド
ムーラン・ルージュと並んでパリを代表するキャバレー。

Hugo Boss
ヒューゴ・ボス

Louis Vuitton
ルイ・ヴィトン
(レディス/メンズ)

Kenzo
ケンゾー

Petit Bateau
プチバトー
(子供服/レディス)

Fouquet's
フーケッツ
(カフェ/フレンチ)

Kléber
クレベール

Eric Bompard
エリック・ボンパール
(カシミア)

Lacoste
ラコステ

Hervé Chapelier
(バッグ)エルベ・シャプリエ

Jean-Paul Gaultier
ジャン=ポール・ゴルチエ

Bulgari
ブルガリ
(ジュエリー)

Giorgio Armani
ジョルジオ・アルマーニ

Victor Hugo
ヴィクトル・ユゴー

P53 Café le Deauville
(カフェ)カフェ・ル・ドーヴィル

Four Seasons Hôtel George V
フォーシーズンズホテル・ジョルジュ・サンク

agnès b.
アニエス・ベー
(レディス/メンズ)

Ladurée Le Bar
ラデュレ・ル・バー
(カフェレストラン)
P54

Ladurée
ラデュレ
(サロン・ド・テ)

Hédiard
エディアール
(ケーキ/惣菜)

Crazy Horse
クレイジー・ホース
「裸の芸術」と称される
ディナーショーが人気。

Givenchy
ジバンシィ

Balenciaga
バレンシアガ
(レディス)

Alma-Marceau
アルマ・マルソー

Paul & Joe
(レディス/メンズ) ポール&ジョー

Prada
プラダ

1:10,000 0 100m

徒歩約14分

Champs Elysées

Parc de Monceau
モンソー公園

République
de l'Equateur

M② クールセル
Courcelles

Ambassade du Japon
日本大使館

Café Jacquemart André
カフェ・ジャックマール・アンドレ（サロン・ド・テ）

Bd. Haussmann
オスマン大通り

P11 オペラへ ➡

ミロメニル
Miromesnil
M⑨⑬

サン トーギュスタン
St Augustin

H&M P54
エイチ＆エム
（レディス／メンズ）

Paul ポール（パン／ケーキ）

Fnac フナック（本／CD／DVD）

SEPHORA セフォラ（コスメ）

Guerlain P54 ゲラン（香水／コスメ）

Virgin Mega Store
ヴァージン・メガストア（本／CD／DVD）

Zara ザラ（レディス／メンズ）

C42 セ・キャラントドゥ
（ミニカー／ショールーム）

Arcades des Champs Elysées P53
アルカッド・デ・シャンゼリゼ（アーケード）

Hôtel Daniel
ホテル・ダニエル（サロン・ド・テ）P54

サン・フィリップ・デュ・ルール
St Philippe du Roule M⑨

Tartine et Chocolat
タルティーヌ・エ・ショコラ（子供服）

Dalloyau ダロワイヨ（惣菜／ケーキ）

Paul ポール（パン／ケーキ）

MARITHE + FRANCOIS GIRBAUD
マリテ＋フランソワ・ジルボー（レディス／メンズ）

Christian Lacroix
クリスチャン・ラクロワ

Hôtel Bristol
ホテル・ブリストル

Tartine et Chocolat
タルティーヌ・エ・ショコラ（子供服）

Avenue des Champs Elysées
シャンゼリゼ大通り

Häagen Dazs
ハーゲン・ダッツ（アイスクリーム）

L'Atelier Renault P54
ラトリエ・ルノー（カフェレストラン／ショールーム）

GAP ギャップ（レディス／メンズ／子供服）

フランクラン・デ・ルーズヴェルト
Franklin D. Roosevelt M①⑨

PointWC ポワン・ヴェセ（トイレ）

Palais de l'Elysée
エリゼ宮
大統領官邸。国旗が揚がっているときは大統領がいるというサイン。

Kusmi Tea P110
クスミ・ティー（紅茶）

Tara Jarmon P54
タラ・ジャーモン（レディス）

Montaigne Market
モンテーニュ・マーケット（セレクト）P54

Hôtel Plaza Athénée
ホテル・プラザ・アテネ

Chanel シャネル
CELINE セリーヌ

Dior ディオール

Louis Vuitton
ルイ・ヴィトン

Café Lenôtre
カフェ・ルノートル（サロン・ド・テ）

M①⑬
シャンゼリゼ・クレモンソー
Champs Elysées Clemenceau

Avenue Montaigne
モンテーニュ大通り
フランス、そして世界の高級ブランドが軒を連ねる大通り。

Grand Palais
グラン・パレ

Palais de la Découverte
発見の殿堂 科学博物館
楽しみながら科学のしくみを理解できる博物館。

Petit Palais P52
プチ・パレ（美術館）

コンコルド広場へ

Bâteaux-Mouches
バトー・ムッシュ発着場
セーヌ川遊覧クルーズ。船から眺めるパリはまたひと味違う美しさ。

Port des Champs Elysées

➡ P123 アンヴァリッド／エッフェル塔へ

47

Champs Elysées

訪れるたびに「初めてのパリ」の感動をよみがえらせてくれる場所

パリの代名詞、シャンゼリゼ。見飽きたはずのこの通りに立って凱旋門を見上げると、「パリにいるんだなあ」という感慨が湧いてくるから不思議です。ここ数年で新しいショップがいろいろとオープンしたシャンゼリゼや、高級ブランドが優雅に軒を連ねるモンテーニュ通り……最初の旅行で来たからもういい、と思っている方も、もう一度歩いてみてください。きっと新たな発見があることでしょう。

困ったときはシャンゼリゼのコンビニに駆け込もう

Publicis Drugstore
ピュブリシス・ドラッグストア

フランスを代表する広告代理店「ピュブリシス」の創業者がアメリカを訪れたとき、遅い時間まで開いていて薬や歯ブラシなど生活に必要なものが揃うドラッグストアの存在に感心。パリにも同じものを、と1958年に凱旋門のすぐ足もとにオープンしたのがこの「ピュブリシス・ドラッグストア」。創業者の目指した何でも揃うお店づくりは健在で、レストラン、本、食品（パンや軽食、飲み物）、薬局、新聞・雑誌のほか、バッグやアクセサリー、子供服、文房具、ピエール・エルメやピエール・マルコリーニ、さらにはおみやげにぴったりな紅茶、お菓子、オイルなどのコーナーもあり、まさにシャンゼリゼのコンビニ的存在です。地上階の本屋近くには無料トイレもあるので覚えておくと便利です。

地下にロブションのレストランもオープンして、フランスを代表する顔ぶれが勢揃い。

133 avenue des Champs-Elysées 75008
電話：01 42 89 30 20
メトロ：George V ①
営業日：8:00-26:00（レストラン、タバコ、キオスク、食品、書籍、薬局）、11:00-23:30（ワイン、葉巻、化粧品）
定休日：無休
カード：VISA, Master, AMEX, JCB
http://www.publicisdrugstore.com

Champs Elysées　　Ａ

午前２時までパンやサンドイッチ、飲み物が買えるのは、パリでは本当に貴重な存在。

ありとあらゆる新聞や雑誌が並ぶキオスク。日本の新聞も見つかります。

ポップで色とりどりなサロンで、旅の疲れもすっかり忘れてしまいそう。　　　　パープルのラインが天井から壁へとつたう、こだわりのデザイン。

ロケーション抜群の最先端デザインホテル
Hôtel Cristal Champs-Elysées
ホテル・クリスタル・シャンゼリゼ　★★★★

シャンゼリゼ大通りから歩いて1分未満！　という最高のロケーションを誇るホテルが誕生しました。有名ブティックのインテリアや高級ブランドのロゴ、パッケージデザインで知られるデザイナー、マッティア・ボネッティが内装を手がけた「ホテル・クリスタル・シャンゼリゼ」は、この界隈にぴったりのリュクスでグラムールな空気が漂うデザイン・ホテル。エントランスをくぐった瞬間から別世界に誘われ、カラフルなチェアが並ぶサロンを抜けて客室に入ると、そこにも鮮やかな色の空間が待っています。よくあるシンプル・モダンなホテルに味気なさを感じたデザイナーの冒険心に脱帽。緻密に計算された配色で五感を心地よく刺激してくれるので、個性的なホテルに泊まりたいあなたにおすすめです。

朝食ダイニングでは石壁をカラフルにペイントする、ほかでは見たことのないアイデアが楽しめる。

9 rue Washington 75008
電話：01 45 63 27 33
メトロ：George V ①
料金：ディスカバリー 198～265€、プリヴィレッジ 219～290€、デラックス 259～360€、ジュニアスイート 279～540€
カード：VISA, Master, AMEX
http://www.hotel-le-cristal.com

Champs Elysées

A

ヴィンテージのプラスチックミニカーは1個15€。　　「クルマの近未来」を肌で感じさせてくれるコンセプトカー。

車とペッパーミル、プジョーの過去と現在を知る空間
Peugeot Avenue
プジョー・アヴニュ

ライオンのシンボルでおなじみのプジョーは、平均1日1万人ものビジターが訪れるシャンゼリゼ大通りの人気ショールーム。四季とクリスマスに合わせて年5回の異なるインスタレーションで飾られ、最新モデルからクラシックカーまで新旧の車たちが顔を揃えます。歴史を紹介するミニコーナーでは、ロゴの変遷をたどったり、年代もののミニカーを眺めたり、車好きの男の子と一緒に楽しめそう。奥のショップスペースには、プジョーのもうひとつの顔であるソルト&ペッパーミルが並びます。クラシックなものからカラフルなもの、シリコン素材まで、個性的なミルがたくさん。長い歴史が証明する高品質で、今もベストセラーです。キーホルダーやミニカーなどは2€から見つかるので、おみやげにも。

さまざまな色、形、素材があってどれにしようか迷ってしまうペッパーミルは17€～。

51

136 avenue des Champs-Elysées 75008
電話：01 42 89 30 20
メトロ：George V ①
営業日：日-水 10:30-20:00、
木-土 10:30-23:00　定休日：無休
カード：VISA, Master, AMEX, JCB

建物の外観も、ぜひじっくり観察してほしい。　　　　　　　　　こんな豪華な美術館が入場無料なのはうれしい驚き。

フランス芸術と建築を無料で満喫できる美術館
Petit Palais, Musée des Beaux-Arts de la Ville de Paris
プチ・パレ パリ市立美術館

シャンゼリゼ大通りとセーヌ川の間に位置するプチ・パレは、向かいに並ぶグラン・パレと共に、1900年にパリ万博の会場として建設された歴史ある建築物。どちらも大掛かりな修復工事が行われ、建てられた当時の姿がよみがえりました。入り口を縁取る金細工、自然光が差し込むステンドグラス、モザイクや天井画、大階段など、館内を歩くだけでその美しさに圧倒されます。プチ・パレの中にある「パリ市立美術館」は2005年にリニューアルした、無料で鑑賞できる貴重な美術館。16世紀から20世紀初頭の作品が展示され、モネの『ラヴァクールの日没』をはじめ、セザンヌ、マネ、ゴーギャン、ドラクロワなど、多くの著名画家の作品を楽しめます。休憩には中庭の回廊にあるカフェを利用しましょう。

らせん階段やステンドグラスの窓など、すべてのディテールに気品が感じられる建築。

avenue Winston Churchill 75008
電話：01 53 43 40 00
メトロ：Champs-Elysées Clémenceau ① ⑬
営業日：火-日 10:00-18:00（木20:00まで）
定休日：月、祝
料金：無料（企画展のみ有料）
http://www.petitpalais.paris.fr

マリンルックのギャルソンを眺めながらひと休み

Café le Deauville
カフェ・ル・ドーヴィル

ボーダーに白いボブといういでたちのギャルソンたちがきびきびと動きまわる「カフェ・ル・ドーヴィル」。シャンゼリゼにカフェはたくさんあれど、ここのようにパリの下町っぽい雰囲気は意外と珍しい。戦前からある老舗で、ドリンクのほかに卵料理やサラダ、パスタ、ケーキなどが味わえます。午前4時までオープンしているので、夜遊びを楽しむパリジャンにも人気。

75 avenue des Champs-Elysées 75008
電話：01 42 25 08 64
メトロ：George V ①
営業日：7:30-翌朝4:00
定休日：無休
カード：VISA, Master （15€～）

水兵さんルックのギャルソンが珍しいから、という理由だけでこのカフェを選ぶのも悪くない。フランスらしい空気を味わって。

20世紀初めの美しいアーケードでお茶を

Arcades des Champs Elysées
アルカッド・デ・シャンゼリゼ

ガラス張りの天井と大理石の円柱が美しいこのアーケードは「狂乱の時代」真っ盛りの1925年に建設されました。洋服、雑貨、護身用品（!）など現在入っているお店は個性的だったり不可思議だったり……。実際に買い物したいと思うお店は少ないかもしれませんが、ある意味面白いので一周してみる価値はあり。一番のおすすめは真ん中に陣取っているスターバックス。こんなリュクスな雰囲気のスタバはパリならではです。

シャンゼリゼの北側にはほかにもアーケードがいくつかあります。なぜか、なんとなく疲れた雰囲気のところが多いのですが。

76-78 avenue des Champs-Elysées 75008
メトロ：George V ①
営業日：8:00-23:00（スターバックス）
定休日：無休

\まだある！/
Champs Elysées のおすすめ

A　Ladurée Le Bar
ラデュレ・ル・バー

時間のない旅行者にうれしいサービス
パリに来たら一度は訪れたいラデュレが、30分～1時間あれば食事が楽しめるというコンセプトで2008年にオープンしたバースタイルのお店。お隣のサロン・ド・テが混んでいたらこちらがおすすめ。

住所：75 av des Champs-Elysées
電話：01 40 75 08 75　営：月-金9:30-23:30、土10:00-24:30、日10:00-23:30　無休

A　Hôtel Daniel
ホテル・ダニエル

ちょっと歩いて隠れ家的ホテルでお茶を
シノワズリのロマンティックな雰囲気でおいしい自家製スコーンやケーキを優雅に味わえる、知る人ぞ知るアドレス。この地区でひと休みするなら、シャンゼリゼの喧騒から離れてぜひここへ。

住所：8 rue Frédéric Bastiat
電話：01 42 56 17 00
営：毎日16:00-19:00（ティータイム）　無休

A　C42
セ・キャラントドゥ

シャンゼリゼには珍しいモダンな外観
1927年以来シトロエンが所有する42番地に2007年オープンした斬新なデザインのショールーム。最上階からガラスのファサード越しにシャンゼリゼを眺めつつ階段で下りるのがおすすめ。ミニカーなどのグッズも。

住所：42 av des Champs-Elysées　電話：08 10 42 42 00
営：日-水10:00-20:00、木-土10:00-22:00　無休

A　L'Atelier Renault
ラトリエ・ルノー

ルノーのショールーム兼レストラン
こちらは1930年以来ルノーが所有する53番地のショールーム。コンセプトカーやレースカーを目で楽しんだら、2階にあるカフェレストランでひと休み。お昼から夜までノンストップで食事ができて便利。

住所：53 av des Champs-Elysées
電話：08 11 88 28 11
営：日-木10:30-24:30、金土10:30-26:30　無休

A　Montaigne Market
モンテーニュ・マーケット

ここなら間違いなし！のセレクトショップ
高級ブランドが並ぶモンテーニュ通りにあるセレクトショップ。350㎡の広々としたスペースに、おしゃれさんなら絶対に外せない人気ブランドたちがずらり。隙のないセレクト、短時間でトレンドを一巡できるのが魅力。

住所：57 avenue Montaigne
電話：01 42 56 58 58　営：月-土10:00-19:00　休：日

A　Tara Jarmon
タラ・ジャーモン

少女らしさを忘れない大人の女性へ
カナダ出身のタラ・ジャーモンがデザインする服は、可憐で上品な雰囲気が魅力。レトロなスカートやタートルネック、コートは大人の日常着として。特別な日にぴったりのリュクスな素材感のワンピは1枚あると便利。

住所：73 av des Champs-Elysées
電話：01 45 63 45 41　営：毎日10:00-19:30　無休

A　Guerlain
ゲラン

老舗メゾンが誇る豪奢なブティック
1914年にオープンしたこの伝説的ブティックは一見の価値あり。壁にきらめくのはオートクチュールのように、ひとつひとつ手ではめられた黄金のモザイク。さまざまなデザインが美しい香水瓶。まさに美の殿堂。

住所：68 av des Champs-Elysées　電話：01 45 62 52 57
営：月-土10:30-20:00、日15:00-19:00　無休

A　H&M
エイチ&エム

あのH&Mがついにシャンゼリゼに進出
ジャン・ヌーヴェルが内装を手がけ、大注目のなか2010年にオープン。オスマン様式建築と同じ石を全体に用いた店内はこの場所にふさわしいシックさ。全3階を自由に上下する高さ3mのスクリーンも迫力。

住所：88 av des Champs-Elysées
電話：01 53 89 18 00　営：毎日10:00-24:00　無休

パリでのお買い物が楽しくなる8のこと。

❶ 挨拶が基本！ お店に入ったら自分から「こんにちは：Bonjour（ボンジュー）」を。日本のように店員さんから「いらっしゃいませ」と言われることは少なく、お客さんが挨拶をして、店員さんがそれに答える形が一般的です。もちろん、先に店員さんから「Bonjour」と言われたら、必ず「Bonjour」と答えましょう。

❷ ほかにも、「ありがとう：Merci（メルスィ）」「さようなら：Au revoir（オー ヴォワ）」という基本の挨拶をフランス語でするだけで、気持ちよく買い物ができるでしょう。

❸ 店員さんから「何かお探しですか？」と声をかけられたら、「見ているだけです、ありがとう：Je regarde seulement, merci.（ジュ ルギャルドゥ スルモン メルスィ）」などと、きちんと返事ができるとベター。日本以上に、お店の人とコミュニケーションをとりながら買い物を楽しむのがフランス流です。

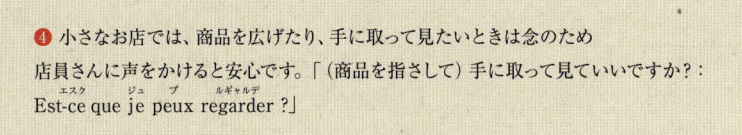

❹ 小さなお店では、商品を広げたり、手に取って見たいときは念のため店員さんに声をかけると安心です。「（商品を指さして）手に取って見ていいですか？：Est-ce que je peux regarder ?（エスク ジュ プ ルギャルデ）」

❺ いろいろと見た後に、気を使って買ったほうがいいかな、なんて思わなくても大丈夫。「やっぱり買うのをやめます。ごめんなさい：Finalement je ne le prends pas, merci.（フィナルモン ジュ ヌ ル プラン パ メルスィ）」とはっきり伝えれば、店員さんもクールに対応してくれます。

❻ 支払いの際に、後ろに人が並んでいてもあせらないで。フランス人は案外気長に待ってくれます。しっかりおつりを確かめて、財布はきちんとバッグの中にしまいましょう。タックスフリーの手配や買った商品も忘れずに！

❼ パリの多くのスーパーでは、無料の買い物袋を置いているところが少なくなっています。折たたみのエコバッグを持ち歩いていると便利。

❽ 高級ブランドでのお買い物。ロゴ入りの紙袋を手にするのはうれしいけれど、スリに目をつけられる原因になることも。ロゴなしの袋に入れてもらったり、いったんホテルに荷物を置きに帰ったり、工夫すると安心です。

パリでの食事が楽しくなる8のこと。

❶ 基本的に、短パン&ビーチサンダルのようなカジュアルすぎる服装を避け、
ジーンズでも普通に小ぎれいにしていれば、どんなレストランでも浮くことはないでしょう。
星付きなど少しシックなお店ではスニーカーより革靴を選び、
その靴に合う服装にするのが間違いない方法です。

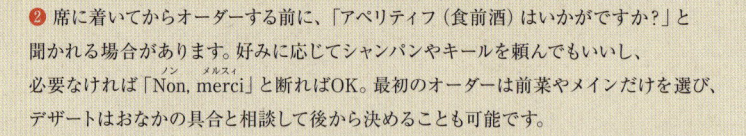

❷ 席に着いてからオーダーする前に、「アペリティフ（食前酒）はいかがですか？」と
聞かれる場合があります。好みに応じてシャンパンやキールを頼んでもいいし、
必要なければ「Non, merci（ノン メルスィ）」と断ればOK。最初のオーダーは前菜やメインだけを選び、
デザートはおなかの具合と相談して後から決めることも可能です。

❸ 日本と違って何も言わなければお水は出ないので、
特にドリンクをオーダーしたくない人は、水道水を頼みましょう。
「お水（無料の水道水）をください：Une carafe d'eau, s'il vous plaît.（ユヌ カラフ ド スィルヴプレ）」

❹ ギャルソンを呼び止めるときは、ひとさし指を軽く立てて
「S'il vous plaît, monsieur（スィルヴプレ ムッシュウ）」と言いましょう。大きな声を出さないのがベター。

❺ 絶対に行きたいレストランは、昼でも夜でも予約しておくのが安心。
語学に自信のない人は、ホテルのフロントに手書きで日時や人数、名前を渡して予約を依頼すればOK。

❻ フランス人が食事をする時間は私たちよりも少し遅めで、
ランチは1時頃、ディナーは8時半を過ぎた頃から混みはじめます。
よほどの人気店でない限り、オープン直後に行けば予約なしでも座れる可能性が高いでしょう。

❼ 席に座ってからずいぶん経つのにオーダーを取りにこなかったり、
「もう少しお待ちください」といったジェスチャーがなかったり、
失礼な態度だと感じたら勇気を持って席を立つというのもあります。

❽ カフェはカウンターよりテーブル席のほうが値段が高く、
お店によってはテラス席に座るとさらに高い料金設定の場合もあるので、
メニュー表にある額がどれを指しているのか確認しましょう。

庶民的でにぎやかなパリ東部の中心地

Bastille

バスティーユ

昔はフランス革命の舞台として、今はオペラ鑑賞のメッカとしてその存在感を示すバスティーユ広場。中世から工芸が盛んで、とりわけ家具のアトリエが多く存在していました。伝統的な家具店が少しずつ姿を消し、新しいブティックが幅を利かせる今でも、小道やパッサージュには職人たちの時代を思わせる風景が残っています。

{ 主な観光スポット }

バスティーユ広場

オペラ・バスティーユ

シャロンヌ通り

Place des Vosges
ヴォージュ広場

M⑤ ブレゲ・サバン
Bréguet-Sabin

M① サンポール
St Paul

Rue de la Roquette
ロケット通り
手早く安く食べられる中華や
サンドイッチ店などが多い。

Starbucks Coffee
（カフェ）スターバックス

McDonald's
（ファストフード）マクドナルド

P29 マレへ

Pl. de la Bastille
バスティーユ広場

M①⑤⑧ Bastille

Starbucks Coffee
（カフェ）スターバックス

SEPHORA
（コスメ）セフォラ

P133 サン・ルイ島へ

M⑦ シュリー・モルラン
Sully Morland

Opéra Bastille
オペラ・バスティーユ

Croisière du Canal Saint Martin
サン・マルタン運河クルーズ乗り場
バスティーユからラ・ヴィレットまで、
2時間半の運河クルーズ。

1:6,000　0　100m

徒歩約7分

Bastille

Rue Keller
ケレル通り
クリエイターのアトリエ・ブティックが並ぶこの小道は、日本の漫画やアニメをいち早くパリに紹介した先駆的なお店があることでも知られている。

エリア A

ADÔM P147
アドム
（古着/ヴィンテージ）

Loulou Addict
ルゥルゥ・アディクト
（インテリア雑貨/子供服）

Nadia Carlotti
ナディア・カルロッティ
（アクセサリー/インテリア雑貨）
P63

P63 **Gaëlle Barré**
（レディス/子供服）ガエル・バレ

（レディス）アンヌ・ウィリー Anne Willi

Rue de Charonne
シャロンヌ通り
パリらしいセンスのファッションや雑貨、アクセサリーショップ、カフェが軒を連ねるこの界隈随一のおしゃれな通り。

P62
La Manufacture à Paris
ラ・マニュファクチュール・ア・パリ
（チョコレート）

Des Petits Hauts
（レディス）デ・プチ・オ

Pause Café P64
ポーズ・カフェ（フレンチ/カフェ）

Paris Hanoi P64
パリ・ハノイ（ベトナム料理）

P64 **Le Bar à Soupes**
（スープランチ）ル・バー・ア・スープ

Caffe Moro
（カフェ）カフェ・モロ

Le Corner des Créateurs
ル・コーナー・デ・クレアトゥール
（セレクト）

Chez Paul
（フレンチ）シェ・ポール

Sessùn セッスン（レディス）P60

So We Are (blablabla...)
ソー・ウィー・アー（ブラブラブラ）
（レディス）P64

Courbettes et Galipettes
クルベット・エ・ガリベット
P64（セレクト）

FrenchTrotters フレンチ・トロッターズ（セレクト）

Isabel Marant
イザベル・マラン
（レディス）

Les Fleurs P64
レ・フルール
（アクセサリー/雑貨）

Morry's bagels
モリーズ・ベーグル
（ベーグル）
P63

Le Petit Souk P151
ル・プチ・スーク
（インテリア/雑貨/ベビー用品）

Pause Détente P62
ポーズ・デタント
（ケーキ/サロン・ド・テ）

habitat P64
アビタ
（インテリア/小物）

Petit Bateau
プチバトー（子供服/レディス）

Princesse tam.tam
プリンセス・タムタム（ランジェリー）

L'Occitane
ロクシタン
（コスメ）

MUJI 無印良品（雑貨）

Lili Bulle
リリ・ビュル
（子供服/雑貨）

Comptoir des Cotonniers
コントワー・デ・コトニエ
（レディス）

Ledru-Rollin
ルドリュ・ロラン

GAP
ギャップ
（レディス/メンズ/子供服）

McDonald's
マクドナルド
（ファストフード）

Blé Sucré
ブレ・シュクレ
（パン/ケーキ）

Square Trousseau
トゥルソー公園
小さいけれど緑の多い公園。「ブレ・シュクレ」で買ったパンやケーキをここで食べよう。

Marché d'Aligre
アリーグル市場
火～日の午前中に立つ庶民的でにぎやかなマルシェ。

A Bastille

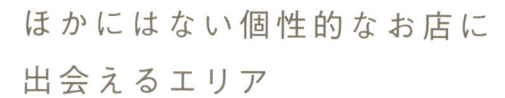

ほかにはない個性的なお店に出会えるエリア

7月革命の塔が立つ広場と新オペラ座を除いては、これといった観光スポットのないエリア。どうしても訪れる優先順位が低くなってしまいがちですが、シャロンヌ通りとケレル通りはぜひ歩いてほしい場所。2時間もあればまわれる小さなエリアに、クリエイターブティック、セレクトショップ、アクセサリーや雑貨店、カフェなどが並び、この地区ならではの不思議な魅力を発見できます。

セレクトショップでひっぱりだこの新定番ブランド

Sessùn ㊂
セッスン

南仏生まれのデザイナー、エマさんがマルセイユに「セッスン」をオープンしたのは今から10年ほど前。ここ数年でぐんと人気を集め、おしゃれな女の子なら絶対に知っている定番ブランドに成長しました。どこかポエティックな空気をまとった透明感が「セッスン」の魅力。マリン、ブリティッシュ、フォークロアをベースに、ボーダーやチェック、リバティなどおなじみのモチーフを毎シーズン表情を変えて提案してくれます。体になじむゆったりめのデザインで、どのアイテムも着こなしやすいから、かわいい日常服としても大活躍です。充実したアクセサリーもぜひチェックして。ギャザーたっぷりのPiou Bag(ピウ バッグ)やヴィンテージ風ブーツ、ポイントに使えるベルトもおすすめです。

左奥が人気のPiou Bag。何でも放り込める、ころんとした形が便利でキュート。

34 rue de Charonne 75011
電話：01 48 06 55 66
メトロ：Ledru-Rollin ⑧
営業日：月-土 11:00-19:30
定休日：日、8月3週間
カード：VISA, Master
http://www.sessun.com

Bastille

A

以前よりぐんと広いスペースに2009年移転。ナチュラルな雰囲気がイメージにぴったり。

洋服に合わせて選べる小物たちもいろいろ。

「ひと休み」という名のサロンでおいしいケーキタイム

Pause Détente
ポーズ・デタント

決して派手ではないけれど、ほっとできる味のケーキが揃うお店。バニラとフランボワーズのCapitole（キャピトル）、チョコレートとフランボワーズのMogador（モガドール）、シナモン風味のMiroir（ミロワール）などがスペシャリテ。店内ではダマーン・フレールのお茶と共にケーキをゆっくり味わえます。バスティーユ周辺にはサロン・ド・テが案外少ないので知っておくと便利なアドレスです。

98 avenue Ledru Rollin 75011
電話：01 48 07 22 78
メトロ：Ledru-Rollin ⑧
営業日：火-日 10:30-20:00
定休日：月、7月中旬〜8月末
カード：VISA, Master

接客を担当するブリジットさんの弟がシェフパティシエを務めているという、家族経営の店。チョコレートやパット・ドゥ・フリュイもすべて手作り。

グルメが注目するチョコレートの新名所

La Manufacture à Paris
ラ・マニュファクチュール・ア・パリ

人気シェフ、アラン・デュカスが2013年にオープンしたチョコレートの専門店。カカオ豆の焙煎士でもあるショコラティエ、ニコラ・ベルシェをシェフに迎え、豆の焙煎、粉砕、精錬といったすべての製造工程を店内の工房で行っています。丁寧に作られたチョコレートは、25種類のボンボンショコラと48種類ものタブレットが揃いバラエティーも豊富。グルメさんへの新しいパリみやげとしてもおすすめです。

住所：40 rue de la Roquette 75011
電話：01 48 05 82 86
メトロ：Bastille ①⑤⑧
営業日：火-土 10:30-19:00　定休日：日、月、7月末〜8月末
カード：VISA, Master
http://www.lechocolat-alainducasse.com/fr/la-manufacture

© Pierre Monetta

さまざまな大きさにカットできるタブレットや素朴なカートンパッケージのデザインもおしゃれ。

Bastille

注目クリエイターのアクセと雑貨が揃う場所
Nadja Carlotti 🥧
ナディア・カルロッティ

オーナーのナディアさんが手作りするアクセサリーと、彼女がセレクトする雑貨や文房具が並んだかわいらしいお店。真鍮やレースを組み合わせたネックレスやヘッドバンドはレトロでロマンティックなナディアさんの世界観そのもの。小ぶりの石が付いた華奢なリングは重ね着けでき、特に人気を集めるアイテムです。パリみやげにぴったりなセンスの良いノートやポストカード、インテリア小物も見つかります。

---

13 bis rue Keller 75011
電話：01 79 25 05 20
メトロ：Ledru Rollin ⑧
営業日：月 14:00-19:00、火-土 11:00-19:30　定休日：日
カード：VISA, Master
http://www.nadjacarlotti.com

パピエ・ティグル（P32）をはじめとする旬のクリエイターに加え、ナディアさんらしい乙女な雰囲気のブランドも揃う幅広いセレクションが魅力。

ママ手作りのお洋服を思わせるレトロ・スタイル
Gaëlle Barré 🥧
ガエル・バレ

バスティーユのおしゃれスポットのひとつ、ケレル通りに1998年からアトリエ・ブティックを構えている「ガエル・バレ」。異なる素材の組み合わせと大胆なプリントづかい、仕立ての良さ、何よりもどこか懐かしさを感じさせるレトロなスタイルが人気のブランドです。3人目の子供を産んだばかりというガエルさんが作る子供服もとってもキュート！

---

17 rue Keller 75011
電話：01 43 14 63 02
メトロ：Ledru-Rollin ⑧
営業日：火-土 11:30-19:30　定休日：日、月、8月3週間
カード：VISA, Master, JCB
http://www.gaellebarre.com

すっかりケレル通りの「顔」になったブランド。シーズンが変わるたびに、今度はどんな服が生まれるのかわくわく。

\ まだある！/
Bastille のおすすめ

A Pause Café
ポーズ・カフェ

映画『猫が行方不明』の舞台
おしゃれでおいしく食べられるカフェは今では珍しくもなんともないけれど、15年以上前からあるこの店はまさに元祖的存在。リラックスした雰囲気が地元のパリジャンたちに人気でいつもにぎわっている。

住所：41 rue de Charonne　電話：01 48 06 80 33
営：月-土7:45-26:00 日9:00-20:00（ランチ12:00-15:30
ディナー19:30-24:00 土日はノンストップで食事可）　無休

A Le Bar à Soupes
ル・バー・ア・スープ

ヘルシーなスープランチならここ
毎朝手作りされる6種類のスープは心も体も温まるやさしい味。クラシックなポロ葱やかぼちゃから、にんじん＆パイナップル、ひよこ豆＆ミントなどオリジナルな組み合わせまでバリエーションも豊か。

住所：33 rue de Charonne
電話：01 43 57 53 79
営：月-土12:00-15:00/18:30-22:30　休：日

A Paris Hanoi
パリ・ハノイ

パリジャンが行列しても食べたいボブン
シャロンヌ通りをさらに進んだところにある、とっておきのベトナム料理店。小さな店内は常連客でいつもにぎわい、まるでアジアの食堂のような活気。スペシャリテのボブン（9.5€～）はエビ入りがおすすめ！

住所：74 rue de Charonne　電話：01 47 00 47 59
営：毎日12:00-14:30/19:00-22:30　無休

A Les Fleurs
レ・フルール

少女だったころを思い出してわくわく
花や鳥、うさぎやりすなどキュートなモチーフとガーリーなスタイルのアクセサリーや雑貨がぎゅっと詰まって、かわいいもの好きのパリジェンヌたちに愛されているお店。

住所：6 passage Josset
電話：01 43 55 12 94
営：月-土13:00-19:00　休：日

A So We Are (blablabla...)
ソー・ウィー・アー（ブラブラブラ）

パリジェンヌのリアルクローズ
ポーズ・カフェの向いにオープンした注目のセレクトショップは、二人の女性がオーナー。価格やブランドにこだわらず、好きなものをミックス＆マッチする等身大のパリジェンヌを体現する、センスの良い洋服やアクセ、雑貨が揃う。

住所：40 rue de Charonne　電話：09 82 37 63 91
営：月-土11:30-19:30（日が13:00～）　休：日、8月2週間

A Courbettes et Galipettes
クルベット・エ・ガリペット

パリらしいクール＆ガーリーなセレクト
イザベル・マランやフレンチ・トロッターズ、セッスン（P60）が並ぶシャロンヌ通りに、またひとつ気になるお店がオープン。かわいいけど甘すぎない、そんなセレクトがいかにもパリっぽくて魅力的。

住所：5 rue de Charonne
電話：01 43 57 21 94
営：火-土11:00-13:30/15:00-20:00　休：日月

A Morry's bagels
モリーズ・ベーグル

手軽でおいしいランチにぴったり
パリでのベーグル人気を築いた先駆者的存在。オーダーを受けてから作るフレッシュなベーグルは、奇をてらわないおいしさ。カフェとしても使えるので評判のキャロットケーキやチーズケーキでひと休みするのもおすすめ。

住所：1 rue de Charonne　営：月-金9:00-18:00
休：01 48 07 03 03

A habitat
アビタ

イギリス生まれのインテリア
1964年にテレンス・コンラン卿がスタートさせたデザイン系インテリア・ショップ。Hを発音しないフランスでは「アビタ」の名で親しまれている。コンランショップよりも手頃な価格でおしゃれな雑貨が見つかる。

住所：42-44 rue du Faubourg Saint Antoine
電話：08 26 10 72 07　営：月-土10:00-19:30　休：日

パリのなかの田舎を見つけて

Montmartre

モンマルトル

19世紀半ばにパリに併合されるまでは郊外の農村だったモンマルトル。そのシンボルだった風車と葡萄畑は姿を消しつつあるけれど、「パリのなかの田舎」とも呼ぶべき趣は失われていません。パリで一番高いこの丘を上り下りするための階段や坂道、昔ながらの入り組んだ小道を歩きながら、モンマルトルの歴史をたどりましょう。

{ 主な観光スポット }

サクレ・クール寺院

テルトル広場

ムーラン・ルージュ

モンマルトル墓地

ギュスターヴ・モロー美術館

エスパス・ダリ・モンマルトル

オ・ラパン・アジル

エリア B

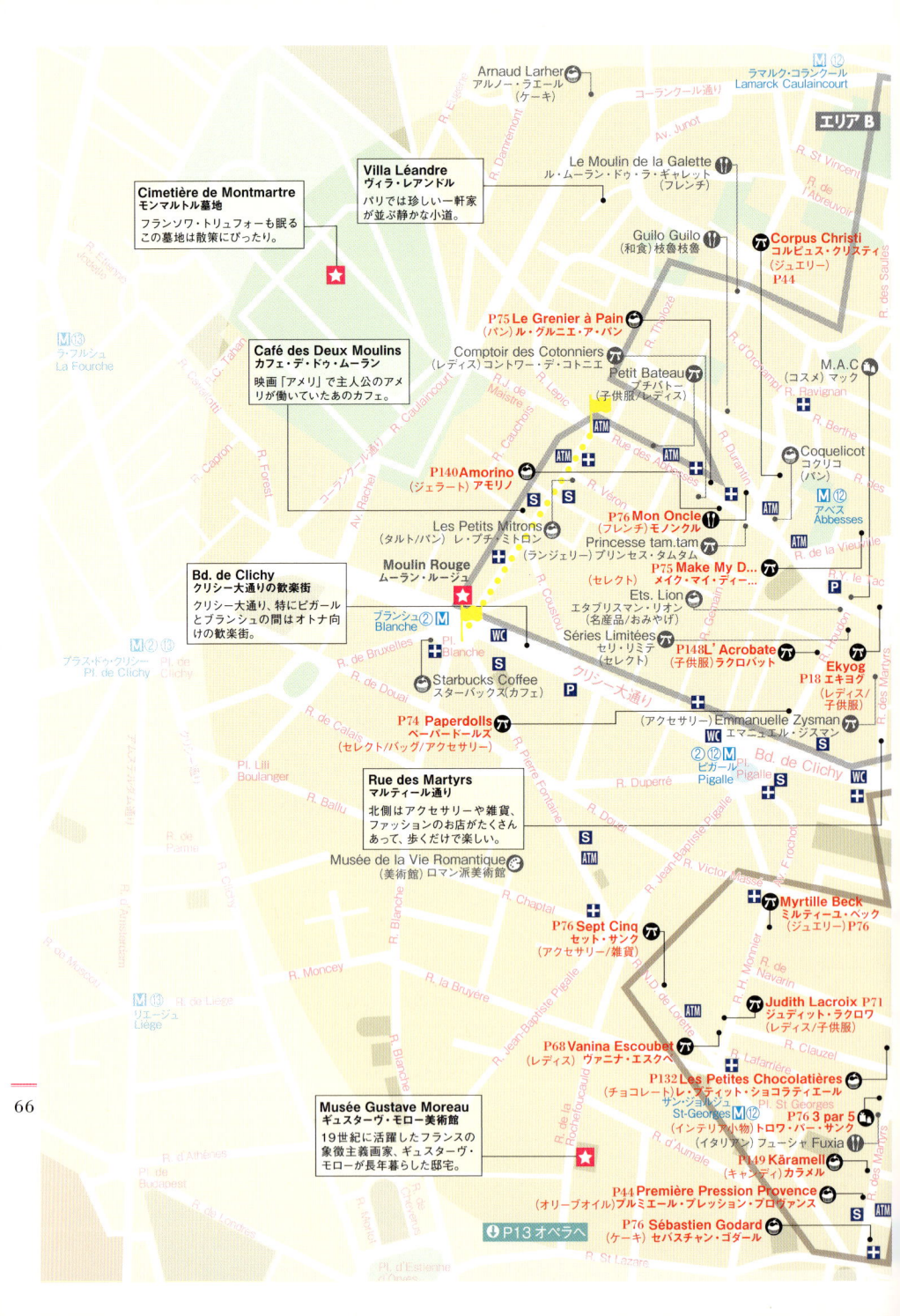

Arnaud Larher
アルノー・ラエール
(ケーキ)

ラマルク・コランクール
Lamarck Caulaincourt

Le Moulin de la Galette
ル・ムーラン・ドゥ・ラ・ギャレット
(フレンチ)

Cimetière de Montmartre
モンマルトル墓地
フランソワ・トリュフォーも眠る
この墓地は散策にぴったり。

Villa Léandre
ヴィラ・レアンドル
パリでは珍しい一軒家
が並ぶ静かな小道。

Guilo Guilo
(和食) 枝魯枝魯

Corpus Christi
コルピュス・クリスティ
(ジュエリー)
P44

P75 **Le Grenier à Pain**
(パン) ル・グルニエ・ア・パン

Comptoir des Cotonniers
(レディス) コントワー・デ・コトニエ

Petit Bateau
プチバトー
(子供服/レディス)

M.A.C
(コスメ) マック

Café des Deux Moulins
カフェ・デ・ドゥ・ムーラン
映画「アメリ」で主人公のアメ
リが働いていたあのカフェ。

Coquelicot
コクリコ
(パン)

P140 **Amorino**
(ジェラート) アモリノ

Les Petits Mitrons
(タルト/パン) レ・プチ・ミトロン

P76 **Mon Oncle**
(フレンチ) モノンクル

Abbesses
アベス

Bd. de Clichy
クリシー大通りの歓楽街
クリシー大通り、特にピガール
とブランシュの間はオトナ向
けの歓楽街。

Moulin Rouge
ムーラン・ルージュ

Princesse tam.tam
(ランジェリー) プリンセス・タムタム

P75 **Make My D...**
メイク・マイ・ディー...
(セレクト)

Ets. Lion
エタブリスマン・リオン
(名産品/おみやげ)

ブランシュ
Blanche

Séries Limitées
セリ・リミテ
(セレクト)

P148 **L' Acrobate**
(子供服) ラクロバット

Ekyog
P18 エキヨグ
(レディス/子供服)

Starbucks Coffee
スターバックス(カフェ)

P74 **Paperdolls**
ペーパードールズ
(セレクト/バッグ/アクセサリー)

Emmanuelle Zysman
(アクセサリー) エマニュエル・ジスマン

ピガール
Pigalle

Bd. de Clichy

Rue des Martyrs
マルティール通り
北側はアクセサリーや雑貨、
ファッションのお店がたくさん
あって、歩くだけで楽しい。

Musée de la Vie Romantique
(美術館) ロマン派美術館

Myrtille Beck
ミルティーユ・ベック
(ジュエリー) P76

P76 **Sept Cinq**
セット・サンク
(アクセサリー/雑貨)

Judith Lacroix P71
ジュディット・ラクロワ
(レディス/子供服)

P68 **Vanina Escoubet**
(レディス) ヴァニナ・エスクペ

P132 **Les Petites Chocolatières**
(チョコレート) レ・プティット・ショコラティエール

Musée Gustave Moreau
ギュスターヴ・モロー美術館
19世紀に活躍したフランスの
象徴主義画家、ギュスターヴ・
モローが長年暮らした邸宅。

サン・ジョルジュ
St-Georges

P76 **3 par 5**
(インテリア小物) トロワ・パー・サンク

Fuxia
フューシャ (イタリアン)

P149 **Kāramell**
(キャンディ) カメル

P44 **Première Pression Provence**
(オリーブオイル) プルミエール・プレッション・プロヴァンス

P13 オペラへ

P76 **Sébastien Godard**
(ケーキ) セバスチャン・ゴダール

Montmartre

Chamarré Montmartre P72
シャマレ・モンマルトル（フレンチ）

Au Lapin Agile
オ・ラパン・アジル
（シャンソニエ）P144

Le Clos Montmartre
ル・クロ・モンマルトル
かつてモンマルトルでワイン製造が行われていた時代を偲ばせる小さな葡萄畑。

Musée de Montmartre
モンマルトル博物館

Place du Tertre
テルトル広場
似顔絵描きの画家とカフェのテラスでいつもにぎわう広場。

Espace Dali Montmartre
エスパス・ダリ・モンマルトル

Basilique du Sacré Cœur
サクレ・クール寺院
モンマルトルの丘のてっぺんにそびえるこの寺院の前から望むパリの絶景は見逃せない。

Chinemachine
シンマシン（古着）

Funiculaire de Montmartre
モンマルトルのケーブルカー乗り場
丘の上り下りが辛い！という人はケーブルカーを活用して。メトロのチケットがそのまま使えるので便利。

Au Grain de Folie
オ・グラン・ドゥ・フォリ（オーガニック）

Mademoiselle Bambû P76
マドモワゼル・バンビュ（セレクト）

Häagen Dazs
ハーゲン・ダッツ
（アイスクリーム）

La Cure Gourmande P139
ラ・キュール・グルマンド（クッキー／キャンディ／おみやげ）

Les Petites... P110
レ・プティット...（レディス）

Antoine et Lili（レディス／子供服）
アントワーヌ・エ・リリ

L' Objet qui parle
ロブジェ・キ・パルル
（アンティーク）

Rue des Martyrs
マルティール通り
南側はパンやケーキ、チーズ、お惣菜などの商店やおいしいビストロが軒を連ねる。

エリア A

Cul de Poule
キュ・ドゥ・プール（フレンチ）

37 ㎡ P70
トラントセット・メートルカレ
（台湾料理／サロン・ド・テ）

Le Grand Jeau P71
ル・グラン・ジョー（惣菜）

Fuxia
フューシャ（イタリアン）

Rose Bakery
ローズ・ベーカリー（オーガニック）

Arnaud Delmontel
アルノー・デルモンテル（パン／ケーキ）

Terra Corsa P76
テラ・コルサ
（ハム／コルシカ食材）

Maison Landemaine P76
メゾン・ランドゥメンヌ
（パン／ケーキ）

1:8,000　0　100m

徒歩約4分

Montmartre

モンマルトルとオペラに挟まれた庶民的なエリア

モンマルトルの丘の南に位置するこのエリアは、オペラへも近くパリの中心にあるのに、どことなく昔ながらの風情を残しているのが魅力。とりわけ、庶民的な商店とおしゃれなビストロが共存するマルティール通りは、パリジャンたちの暮らしぶりを肌で感じるようです。有名な観光スポットがあるわけではないけれど、だからこそ、普段着のパリの表情を垣間見ることができるエリアです。

さらりと着るだけでかわいさがアップする女の子服
Vanina Escoubet
ヴァニナ・エスクベ

かつて「Please don't」(プリーズ ドント)というブランド名で北マレに小さなお店を開いていたヴァニナさんが、2010年に自分の名前を冠にした新しいブティックをオープンしました。場所は、SoPi(ソピ)(South of Pigalleの略)という愛称で最近注目を集めるモンマルトル南部のアンリ・モニエ通り。以前、北マレがおしゃれスポットとなったムーヴメントを予感させる界隈です。ヴァニナさんがデザインする洋服は、どのアイテムもふんわりとしたガーリーな雰囲気で、パンツスタイルでも女の子らしい印象を与えてくれます。ちょっと個性を感じさせるデザインにリボンやレースのディテールが加わり、さらりと着ただけでもおしゃれ度がアップ。彼女がセレクトした靴やアクセサリーでトータルルックを揃えましょう。

センスの良い小物たちが、かわいらしくディスプレイされたウィンドウに思わず足を止めてしまう。

1 rue Henry Monnier 75009
電話 : 01 42 74 31 42
メトロ : St-Georges ⑫
営業日 : 火-土 11:00-19:30
定休日 : 日、月、8月2週間
カード : VISA, Master
http://www.vaninaescoubet.com

Montmartre

A

毎日でも着たくなる着心地の良さもこのブランドの魅力。

ヴァニナさんの世界観にぴったりくるアクセサリーたち。

胃も心もほっとひと息つけるやさしい味わいのランチ。　　店名そのまま、37㎡のこぢんまりした店内。

おいしいごはん＆タピオカティーを楽しんで

37m²
トラントセット・メートルカレ

観光客向けのレストランが多いモンマルトル界隈で、本当においしい料理が味わえて、ほっとできる場所を見つけるのは至難のわざ。探し歩く私たちにデザイナーのヴァニナさん（P68）が教えてくれたとっておきのアドレスがこの「トラントセット・メートルカレ」でした。フランス人俳優のオレリアンさん、台湾人アーティストのコスチャさん、そして三つ星レストランの「ギ・サヴォワ」でパティシエの経験を積んだ台湾人シェフのイ・リンさんの3人が集まって生まれたすてきなレストラン＆サロン・ド・テ。ごはんと一緒に味わう台湾料理は、疲れた胃にしみるようです。午後はイ・リンさんお手製のパティスリーとタピオカティーを。洗練された味わいのレモンタルトは何度も足を運びたくなるおいしさです。

サクレ・クール寺院を背にぐんぐん下っていくと、ロディエ通りにたどり着きます。

66-68 rue Rodier 75009
電話：01 48 78 03 20　メトロ：Anvers ②
営業日：火-日 12:00-22:30（火は19:00～）
定休日：月
予算：昼1品＋ドリンクorデザート 15€～、夜アラカルト 前菜 6€、メイン12€～、デザート 6€、タピオカティー 3.5€～
カード：VISA, Master
http://le37m2.blogspot.com
http://www.le37m2.com

Montmartre

モンマルトルのおいしい惣菜屋さん
Le Grand Jeau
ル・グラン・ジョー

フランスならではの惣菜を手軽に味わえる「ル・グラン・ジョー」は、名物のリヨン風ソーセージやテリーヌ、骨付きハムのロースト、1日100個も売れる大人気の卵のジュレなど、すべて自家製。キッシュや日替わり料理は毎日15種類ほど並びます。テイクアウトはもちろん、朝9時から夜8時までイートインできるのも大きな魅力。ランチやお茶、ホテルでの夕ごはんにおすすめ！

58 rue des Martyrs 75009
電話：01 48 78 96 45
メトロ：Pigalle②⑫、St-Georges ⑫
営業日：9:00-21:00（日は13:00まで）
定休日：無休　カード：VISA, Master, AMEX
http://www.legrandjeau.com

あれもこれもと、すべて味見したくなるおいしそうな惣菜がずらり。量り売りしてくれるので、好きなものを選んでちょっと豪華なホテルごはんに。

毎日着たいレトロ・モダンな乙女服
Judith Lacroix
ジュディット・ラクロワ

ふんわりとしたベルスリーブ、ワンプリーツのスカート、ボートネックのワンピース。女性クリエイター「ジュディット・ラクロワ」はレトロな雰囲気に今らしさをプラスした乙女心をくすぐる服作りが得意。淡いニュアンス色とカシミアやシルクなど上品な素材を用い、女性らしい魅力をぐんと引き立ててくれます。手作りアクセサリーと共に彼女の世界観が楽しめるお店。

3 rue Henry Monnier 75009
電話：01 48 78 22 37
メトロ：St-Georges ⑫
営業日：月-土 11:00-19:30　定休日：日
カード：VISA, Master, AMEX
http://www.judithlacroix.com

レディスのほかに、ベビーやキッズのラインも充実しているので、子供と一緒にさりげなくおしゃれなお揃いを楽しめる。

Montmartre B

もっと知りたい
モンマルトルの丘

ガイドブックに必ず載っているスポット、テルトル広場やサクレ・クール寺院周辺は観光客目当てのおみやげもの屋さんでいっぱい。お世辞にも美しい風景とは言えない、と幻滅する前に、ぜひピガール駅とラマルク・コランクール駅に挟まれたエリアへ足を運んでみましょう。おしゃれなブティックやすてきなアパルトマンが立ち並び、モンマルトルの丘の本当の魅力を教えてくれます。

味も雰囲気もスタッフも最高！　笑顔になれる上質フレンチ

Chamarré Montmartre
シャマレ・モンマルトル

モンマルトルの丘に建つ1軒のフレンチ・レストラン。この界隈を訪ねたときはもちろん、遠くからでも足を運んでほしいおすすめの名店です。モーリシャス出身のシェフ、アントワーヌ・エラさんは、かつて7区のレストランでミシュラン1ツ星を獲得した実力の持ち主。新鮮な魚介やスパイスづかいで再現する、故郷の味とフレンチの伝統を見事に融合させたその料理はとても繊細な味わいと盛りつけ。肉も魚も軽やかで、付け合わせの野菜にもこだわりが感じられます。リーズナブルなランチでも洗練された味わいを満喫できますが、よりガストロノミックなアラカルトやシェフのおまかせなら、シェフの腕前を目と舌でさらに楽しめるでしょう。晴れた日はモンマルトルの階段を見下ろすテラス席を。

階段の上にせり出したテラス席は、緑の木々の隙間からアパルトマンの窓が覗くパリらしい雰囲気。

52 rue Lamarck 75018
電話：01 42 55 05 42
メトロ：Lamarck Caulaincourt ⑫
営業日：12:30-23:30
(15:00-19:00はバーのみ)　定休日：無休
予算：昼2品 23€、3品 29€、4品 37€、夜5品 70€　カード：VISA, Master
http://www.chamarre-montmartre.com

Montmartre

B

左からラングスティーヌ、カツオ、エビ。さっぱりした前菜は日本人の口にも合う。

モダンなインテリアで肩ひじ張らないカジュアルな雰囲気。

アンティークの壁紙などディテールにこだわりが。 ディスプレイの美しさに見惚れてしまう。

パリジェンヌのアパルトマンへようこそ

Paperdolls
ペーパードールズ

ロンドン出身のキャンディさんが開いたこのお店は、「着せ替え人形」というその名のとおり、さまざまなクリエイターが生み出す帽子、洋服、アクセサリー、バッグ、靴を集めたセレクトショップです。自分らしいスタイルを持っていることと、品質の良さを重視して選ばれた20人ほどのクリエイターたちは、フランスだけでなくアメリカや香港、アルゼンチンなどワールドワイド。彼女が好きだという20〜60年代のファッションにも通じる品の良さを感じるセレクトです。店内をアパルトマンのようにキッチン、ダイニング、リビング、書斎、寝室、クローゼット、バスルームに分け、オーナー自ら蚤の市で買い付けた日用品を使ったディスプレイも個性的ですてきです。

この店でしか出会えないブランドばかり。日曜も含めて毎日営業しているのも嬉しい。

5 rue Houdon 75018
電話：01 42 51 29 87
メトロ：Pigalle ②⑫
営業日：月-土 11:00-19:30、日 14:30-19:00
定休日：無休
カード：VISA, Master, Amex
http://www.paperdolls.fr

Montmartre

大統領も味わったパリで一番おいしいバゲット
Le Grenier à Pain
ル・グルニエ・ア・パン

毎年パリの最高峰バゲットを決めるバゲット・コンクールで、2010年の最優秀の座に輝いたブランジュリーがここ。セネガル生まれのパン職人、ジブリル・ボディアンさんが作るバゲット・トラディションは皮はパリッと、中はもちもち、かじれば香ばしさが広がるおいしさ。ボリュームたっぷりのサンドイッチや惣菜パン、デニッシュなど、どれもおすすめです！

38 rue des Abbesses 75018
電話：01 46 06 41 81
メトロ：Abbesses ⑫
営業日：木-月 7:30-20:00　定休日：火、水
カード：VISA, Master
http://www.legrenierapain.com

おいしいパンとあれば、行列に並ぶこともいとわないパリジャンたちで、朝から晩までお店は大にぎわい。ちなみに2011年の大賞もアベス通りのパン屋さん！

ほかとは違うカラーを提案するセレクトショップ
Make My D...
メイク・マイ・ディー…

ありきたりなセレクトショップとは一線を画すオリジナルな品揃えが魅力の「メイク・マイ・ディー…」。オーナーのナタリーさんは人気ブランド、バルバラ・ビュイの妹。姉のもとで培った服に対するセンスを生かし、あまり知られていないブランドも自分のアンテナを信じてセレクトするのが彼女らしさ。人と同じはイヤ、というおしゃれさんも満足できるショップ。

7 rue de la Vieuville 75018
電話：01 44 92 82 98
メトロ：Abbesses ⑫
営業日：月-水 14:00-19:30、木-土 10:30-19:30、
日 12:00-19:00　定休日：無休
カード：VISA, Master, AMEX　http://www.makemyd.com

広々とした空間に、ナタリーさんがひとつひとつ丁寧にセレクトしたアイテムが、見やすくディスプレイされている。

\まだある！/
Montmartre のおすすめ

A Terra Corsa
テラ・コルサ

パリで味わえるコルシカの味

コルシカ産の生ハムやお酒、チーズ、はちみつ、ジャムなどがずらりと並ぶコルシカのエピスリー。マルティール通りに並ぶテラス席は、ハムの盛り合わせと共に一杯楽しむパリジャンたちでいつもにぎやか。

住所：42 rue des Martyrs
電話：01 48 78 20 70
営：毎日10:00-21:30（日は～19:00）　無休

A Sébastien Godard
セバスチャン・ゴダール

しみじみおいしい伝統の味

フォションのシェフ・パティシエだったゴダールさんが、フォレ・ノワールやモンブラン、チョコレートやレモンのタルトなど伝統的なパティスリーのシンプルなおいしさを追求するお店。厳選された素材の味を楽しんで。

住所：22 rue des Martyrs　電話：01 71 18 24 70
営：火-金10:00-20:00（土は9:00～、日は19:00まで）　休：月

A Sept Cinq
セット・サンク

パリらしいアクセサリーを探すなら

パリで活動するクリエイターだけを厳選したアクセサリーのセレクトショップ。ほかに靴やバッグ、紙雑貨も並び、このお店でしか見つからないパリらしいブランドがたくさん。併設されたカフェコーナーも魅力。

住所：54 rue Notre Dame de Lorette
電話：09 83 55 05 95
営：火-土11:00-20:00、日14:00-18:00　休：月

A Myrtille Beck
ミルティーユ・ベック

高級感のある可憐なジュエリー

「カンカン」の隣に並ぶアトリエ・ブティック。花や植物をモチーフにした清楚な雰囲気のジュエリーは、天然石づかいがとても上品。フランス語のメッセージが入ったシンプルで華奢なリングもかわいい。

住所：30 rue Henry Monnier
電話：01 40 23 99 84
営：火-土11:00-19:30　休：日月

A 3 par 5
トロワ・パー・サンク

デザイン系の雑貨が好きなら

前を通るたびにおしゃれなショーウィンドウに惹かれるこのお店は、アンヌさんとエマニュエルさん、2人の女性がオーナー。常に新しいデザイナーの作品を求め、部屋をさりげなくおしゃれに飾るインテリア小物や雑貨が並ぶ。

住所：25 rue des Martyrs　電話：01 44 53 92 67
営：月-土11:00-19:30（月は14:00～）　休：日

A Maison Landemaine
メゾン・ランドゥメンヌ

今年パリで最も注目のパン屋さん

ご主人のロドルフさんと奥様の芳美さんの日仏カップルが営むこのパン屋さんは、有名レストランガイドPudloのブランジェ・オブ・ザ・イヤー2011に輝いた注目のお店。パンもケーキもデニッシュも、ぜひ味わってほしい！

住所：26 rue des Martyrs　電話：01 40 16 03 42
営：火-日7:00-20:30（日は～19:30）　休：月

B Mon Oncle
モノンクル

モンパルナスのおしゃれさんが集うビストロ

ジャック・タチの映画を思わせる名前のこのお店は、白と黒のギンガムチェックの壁がとてもパリっぽい！俳優やアーティストの常連客も多いおしゃれスポット。平日は夜のみオープンなので日曜のブランチがおすすめ。

住所：3 rue Durantin　電話：01 42 51 21 48
営：月-土20:00-23:30　日ブランチ13:00～16:00　無休

B Mademoiselle Bambû
マドモワゼル・バンビュ

エシックがこのお店のキーワード

「マドモワゼル・バンビュ」はフェアトレードのクリエイターもののみ扱うセレクトショップ。エシックを守りつつ、デザイン性を重視したチョイスで、エシック＆エコ意識の高まるパリジェンヌに支持されている。

住所：19 rue La Vieuville　電話：01 42 23 96 87
営：火-日11:30-20:00（日は14:00～）　休：月

パリからの日帰り旅行

Versailles
ヴェルサイユ

Chartres
シャルトル

ヴェルサイユとシャルトルは、電車で1時間足らずで到着するパリ近郊の街。宮殿と大聖堂で有名ですが、せっかくだから散策やショッピングも楽しめるような、私たちなりの街案内をいたします。小さいながらも、パリとは異なる表情をのぞかせ、フランスの歴史と文化の奥深さを体感させてくれるでしょう。少し勇気がいるけれど、行ってよかった、と思える楽しい1日になりますように。

Versailles

日本からの旅行者に「パリ以外の街でどこに行ったことがありますか?」と聞けば、かなりの確率で「ヴェルサイユ」という答えが返ってくることでしょう。でも「ヴェルサイユでどこに行きましたか?」と聞いたら、「ヴェルサイユ宮殿だけ」という人が大半かもしれません。広大な敷地をもつ宮殿だけにその見学だけでもかなり時間がかかるのは確かですが、わざわざパリから電車に揺られてやってきたヴェルサイユ。できれば宮殿だけでなく、この歴史ある街の魅力も味わって帰れたら、旅の思い出が2倍にも、3倍にもなりそうです。

ヴェルサイユへのアクセス

パリからヴェルサイユへは、RER(エールウエール)のC線に乗り、Versailles Rive Gauche(ヴェルサイユ リヴ ゴーシュ)駅で下車します。乗車駅にもよりますが、所要時間はおよそ30〜40分です。

チケットの金額・購入方法

チケットは片道3.05€(2011年6月現在)。
ゾーン4に位置し、通常のメトロのチケット(カルネ)では行けないため、別途チケットを窓口または自動販売機(英語表示可)で購入します。
誤ってパリ市内用(ゾーン1-2)のチケットを使用した場合、罰金の対象になりかねないので注意しましょう。

知っておくと便利な情報

● パリ市内にある主なRER C線の駅

　　Bibliothèque François Mitterrand（フランソワ・ミッテラン図書館駅）

　　Gare d'Austerlitz（オーステルリッツ駅）

　　St-Michel Notre-Dame（サン・ミッシェル・ノートル・ダム駅）

　　Musée d'Orsay（オルセー美術館駅）

　　Invalides（アンヴァリッド駅）

　　Pont de l'Alma（アルマ橋駅）

　　Champ de Mars Tour Eiffel（シャン・ド・マルス/エッフェル塔駅）

● 乗車前に電光掲示板でその電車がVersailles Rive Gauche行きかどうかを必ず確認。終点のVersailles Rive Gauche駅で下車します。

帰りはVersailles Rive Gauche駅から出るどの電車に乗ってもパリ行きです。

● パリ発、ヴェルサイユ発いずれも朝の6時頃から23時頃まで、1時間に3〜4本の割合で運行。

ヴェルサイユ・リヴ・ゴーシュ駅から観光案内所までのアクセス

ヴェルサイユ駅は出口がひとつなので、迷うことはありません。

駅正面にある大通り（avenue du Général de Gaulle）の横断歩道を渡り、

マクドナルドの前を右に進みます。

観光案内所は、avenue de Parisとの交差点を左に曲がってすぐの角にあります。

カウンターでもらえる簡単な無料マップのほか、より詳しい有料マップ、

日本語パンフレットもいくつかあり、ヴェルサイユ観光はここからスタートするのがベスト。

なおavenue de Parisをさらに進んだ一番奥にヴェルサイユ宮殿がそびえています。

観光案内所

Office de Tourisme de Versailles

住所：2 bis avenue de Paris 78000 Versailles　電話：01 39 24 88 88

営業日：【4〜9月】月 10:00-18:00、火-日 9:00-19:00、

【10〜3月】日・月 11:00-17:00、火-土 9:00-18:00

定休日：1月1日、5月1日、12月25日

http://www.versailles-tourisme.com

Pièce d' Eau des Suisseis
スイス池

P81 Château de Versailles
ヴェルサイユ宮殿

●ルイ14世騎馬像

Rue de la Paroisse
パロワス通り
セフォラやコントワー・デ・コトニエなど有名店が軒を連ねるヴェルサイユの繁華街。

Bassin de Neptune
ネプチューンの泉

R. des Réservoirs
R. du Peintre Lebrun

Pl. d' Almes
アルム広場

Av. de Sceaux
Ecurie
小厩舎

Av. de Saint Cloud

R. Carnot
R. Hoche
Place Hoche

R. Neuve Notre Dame
Bd. de la Reine

Starbucks Coffee
スターバックス（カフェ）

McDonald's
マクドナルド（ファストフード）

Grande Ecurie
大厩舎

R. Carnot

R. de la Paroisse

Kentucky Rain
ケンタッキー・レイン
（バッグ/雑貨）P82

Office du Tourisme
観光案内所

Av. du Général de Gaulle

RER Ⓒ
ヴェルサイユ駅
リヴ・ゴーシュ駅
Gare de Versailles
Rive Gauche

Av. de l'Europe

P85 Rue des Deux Portes
ドゥ・ポルト通り

Au Bouchon d'Etain P84
オ・ブション・デタン
（かご/ミニチュア）

Eglise Notre Dame
ノートルダム教会

R. Rameau
Passage de la Geôle

Quartier des Antiquaires
骨董街 P85

Av. de Paris

R. du Maréchal Foch

P81 Marché Notre Dame
（市場）マルシェ・ノートル・ダム

Pl. du Marché Notre Dame
マルシェ・ノートル・ダム広場

R. du Maréchal Foch

R. Baillet-Reviron

P83 La Cantine...de l' Aparthé
ラ・カンティーヌ・ドゥ・ラパルテ
（フレンチ）

R. de la Paroisse

フランス国鉄
ヴェルサイユ
リヴ・ドロワット駅
SNCF
Gare Versailles
Rive Droite

1:10,000
0 100m

パリ
ヴェルサイユ

Versailles

説明不要！フランスを代表するお城
Château de Versailles
ヴェルサイユ宮殿

ヴェルサイユ宮殿に世界各国の観光客が集まり長蛇の列を作っているのを見るたびに、ルイ14世の栄華はある意味、21世紀の現代にまで続いているんだなと感心してしまいます。宮殿の敷地は広大で、見学にも時間がかかるので朝から訪れるのがベスト。日本語公式サイトから事前にチケットを購入しておけば、ずいぶん時間の節約ができます。

電話：01 44 55 57 50
開館日：【4月1日-10月31日】
○宮殿（火-日 9:00-18:30）　○トリアノン宮殿とマリー・アントワネットの離宮（火-日 12:00-18:30）　○庭園（毎日 8:00-20:30）
【11月1日-3月31日】
○宮殿（火-日 9:00-17:30）　○トリアノン宮殿とマリー・アントワネットの離宮（火-日 12:00-17:30）　○庭園（毎日 8:00-18:00）
閉館日：1月1日、復活祭の月曜、5月1日、聖霊降臨の月曜、8月15日、12月25日
料金：特別展を含めたすべてを見学できる優待パスポート 18€、宮殿見学チケット 15€、トリアノン宮殿とマリー・アントワネットの離宮チケット 10€　18歳未満無料
＊11月～3月の毎月第1日曜は無料
http://jp.chateauversailles.fr （日本語）

鏡の間で有名な宮殿内はもちろん、庭園やマリー・アントワネットの離宮も必見。

ヴェルサイユに暮らす気分でマルシェを歩こう
Marché Notre Dame
マルシェ・ノートルダム

ルイ14世が建設を命じたという歴史ある広場にはヴェルサイユ市民の食卓を支えるノートルダム市場が立ちます。屋内のマルシェは月曜以外の毎日、屋外は週3日。広々としたスペースはこの国の豊かな食文化を象徴するように食べ物であふれ、「このマルシェのためだけでもヴェルサイユに住む価値がある」なんて声も。広場にはたくさんのカフェやレストランも並びます。

Place du Marché Notre Dame 78000 Versailles
営業日：火・金・日 7:00-14:00（屋外）、
火-土 7:00-19:30、日 7:00-14:00（屋内）
定休日：月

大きな広場にところ狭しと八百屋や肉屋、魚屋、お惣菜屋が立ち並ぶこの市場は、なんと300年以上もの歴史を誇る。

質の良いヴィンテージ生地を再利用することはエコな取り組みでもある

レトロでポエティックな手作りバッグと雑貨
Kentucky Rain
ケンタッキー・レイン

アメリカはミシガン州出身、ヴェルサイユ建築学校卒業のアリソンさんが2007年にオープンした手作りのバッグ、帽子、ベルト、アクセサリーのお店。「建築は好きだけど、もっと純粋にクリエイティブでポエティックなものを仕事にしたかった」という彼女がインスピレーションを得るのは50年代のスタイル。蚤の市やインターネットで見つけたり、故郷のアメリカから持ち帰ったりした50〜70年代のヴィンテージ生地を使って作られたバッグや帽子からは、小さい頃のぼんやりした、でも幸せな記憶や懐かしさが漂います。そう、店名にもなっているエルヴィス・プレスリーの名曲のように……。歴史と伝統を重んじるこの街では、カラフルなアリソンさんの世界がひときわ魅力的に見えるのです。

やわらかい雰囲気のなかにも芯の強さを感じさせるアリソンさんは、3人の子供のママン。

25 rue de la Paroisse 78000 Versailles
電話：なし
営業日：火-金 10:30-13:30/14:30-18:00、土 10:30-13:30/14:30-19:30
定休日：日、月（午前）
カード：VISA, Master, AMEX
http://www.kentuckyrainaversailles.typepad.fr

Versailles

タルタルステーキとフライドポテトは黄金の組み合わせ。　　　こんなキュートな学校なら大人でも通いたい！？

子供の頃に帰ってグルメな給食を食べよう
La Cantine…des Grands
ラ・カンティーヌ・デ・グラン

大きなマルシェが立つノートルダム広場（P81）のすぐ裏手にあるレストラン。コンセプトは60年代の小学校の教室。素朴な木の椅子と机、壁に貼られた地図や三角定規、そしてアルファベットのマグネットで綴られた黒板メニューなど、子供の頃にタイムスリップしたようなかわいいディテールでいっぱいです。前菜の品々はBIO（オーガニック）野菜をふんだんに使ってヘルシー。メインはハンバーガーやステーキ、サーモンや鯛のグリルなどボリュームたっぷり。モロッコ風やコニャック風味、ブルーチーズと胡桃などタルタルステーキが何種類もあるのが面白い。マグロや帆立など魚のタルタルもあります。大きなボウルに目一杯入ったサラダも魅力的、と何を食べるか困ってしまうお店です。

ちょっと読みづらいけどかわいいマグネットのメニュー。自分の部屋でも真似できそう。

2 rue André Chénier 78000 Versailles
電話：01 39 50 24 54
営業日：毎日12:00-15:00/19:00-23:00
定休日：無休
予算：前菜6.75€〜、食事サラダ12.92€〜、
メイン11.80€〜、デザート5.70€〜
カード：VISA, Master, AMEX

イチゴや卵を傷つけずに運べるものなど、かごの種類は無数!

今はもう少なくなった昔ながらのかご屋さん
Au Bouchon d'Etain
オ・ブション・デタン

同じくノートルダム広場のすぐ近く、黄色いファサードにいっぱい飾られたかごが目印の「オ・ブション・デタン」は、1940年から続く歴史あるかご屋さん。パンかごやカトラリーケースなどの小さいものからショッピングカートのような大きなものまで、あらゆるサイズと用途のかごが見つかります。専門店の数も減り、貴重な存在となったこのお店を訪ねると、かつてはかごの存在が今よりずっと日常に密着したものだったんだな、と昔の暮らしを想像してノスタルジックな気持ちに。それでも、かご文化は今も根強く息づいて、マルシェでの買い物はかごじゃなくちゃという人もたくさんいます。もうひとつの目玉はミニチュア。家具や食べ物、おもちゃなどかわいくて本物そっくりのミニチュアは、好きな人なら垂涎ものです。

1階も2階も、お店の中はかごとミニチュアで足の踏み場もないくらい。

17 rue des Deux Portes 78000 Versailles
電話 : 01 39 50 55 58
営業日 : 火-土 9:30-12:30/14:00-19:00、日 9:30-12:30
定休日 : 月
カード : VISA, Master, Amex
http://www.aubouchondetain.com

Versailles

華やかな宮殿と対をなす、ひっそりとした石畳の骨董街
Quartier des Antiquaires 🎨
骨董街

ノートルダム広場の北西には、パリの西郊外で最も規模の大きい骨董街があり、50もの店舗が軒を連ねています。フランス革命以前には裁判所や拘置所があったというこの地区には、にぎやかなマルシェの喧騒が嘘のような静けさが漂います。骨董商や古書店を眺めながら、古い石畳の入り組んだ小道をのんびり散策してみてください。

家具、絵画、デッサン、彫刻、ジュエリー、絨毯、時計、ランプ、陶器、古書など、ありとあらゆる骨董の店が並ぶ。

骨董商の集まる小さな広場や中庭へは、こんな門をくぐって。

古き良きヴェルサイユの空気
Rue des Deux Portes 🎨
ドゥ・ポルト通り

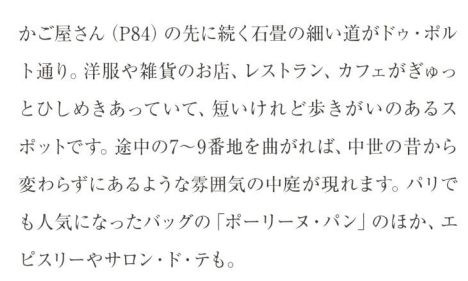

かご屋さん（P84）の先に続く石畳の細い道がドゥ・ポルト通り。洋服や雑貨のお店、レストラン、カフェがぎゅっとひしめきあっていて、短いけれど歩きがいのあるスポットです。途中の7〜9番地を曲がれば、中世の昔から変わらずにあるような雰囲気の中庭が現れます。パリでも人気になったバッグの「ポーリーヌ・パン」のほか、エピスリーやサロン・ド・テも。

これが「ポーリーヌ・パン」やエピスリーのある中庭。遠い昔、人々がここでどんなふうに暮らしていたのかを想像したくなる。

キッチン用品店やワインショップ、子供服屋、クレープ屋さんにカフェ……。

パリを出発する前に　―日帰り旅行のアドバイス―

❶ 地区によっては日曜も開いているお店が出てきたパリと違って、
そのほかの街では日曜、そしてときには月曜も閉まっているお店が多く、
少し寂しい雰囲気になることがあります。観光スポット以外の街歩きを楽しむなら、
できれば火曜から土曜までの間にスケジュールを組むとよいでしょう。

❷ 同様に、特に冬季はお店の閉まる時間がパリよりも早めの場合が多くなります。
できるだけ早い時間から観光しはじめるのがベストです。

❸ 国鉄の駅には日本のように乗車券を通す改札がありません。
乗車前に必ず、構内やホームにある自動刻印機にチケットを通して刻印しておきます。

❹ 駅に到着したら、まず観光案内所に向かいましょう。
各都市の観光案内所では、たいてい無料で市内の地図を入手でき、観光の相談も可能です。

❺ パリから日帰りで行ける都市には地下鉄がありません。かといって初めての街では
バスも利用しづらいので、結果、歩いて見てまわるのが基本になります。
また、旧市街など石畳が多く残る場所もあり、歩きやすい靴で行くことをおすすめします！

❻ パリ郊外は、日本人の感覚からすると小さな街ばかり。
パリのようにカフェがいたるところにあって好きなときにひと休みできるとは限りません。
小さいペットボトルのお水などを持参すると安心です。

❼ 日帰りで時間が少ないうえ、慣れない街のこと。
気に入ったものを見つけたのに「またあとで立ち寄ればいいか」と後回しにすると、
二度と戻ってこられない場合もあるでしょう。おみやげ選びはパリ以上に一期一会を大事にして、
ピピッときたらすぐに買うと後悔が少ないかもしれません。

❽ パリから電車で1時間ほどの近郊でも、その土地の名産があるものです。
パン屋さんやお菓子屋さんを覗いて、パリでは見かけなかったものを見つけるのも醍醐味です。

日帰り旅行で使えるフランス語

覚えられなくても大丈夫！ 相手にこの本を見せて、
質問したいフレーズを指さしながら使えます。

以下の例文にある「ヴェルサイユ」を「シャルトル」や「パリ」に置き換えて使いましょう。

【質問をする前に】
質問の前にはまず、Bonjour(ボンジュー)と挨拶しましょう。
それから、「Excusez-moi.(エクスキュゼ モワ)：すみません」とことわってから、
質問のフレーズを見せましょう。

駅で

ヴェルサイユ行きの次の電車は何時ですか？
A quelle heure part le prochain train pour Versailles ?
ア ケラー パール プロシャン トラン プー ヴェルサイユ？

ヴェルサイユ行きの往復（片道）切符を（1枚／2枚）ください。
(Un / Deux) ticket(s) / billet(s) aller-retour (aller simple) pour Versailles, s'il vous plaît.
（アン／ドゥ）チケ／ビエ アレ ルトゥー（アレ サンプル）プー ヴェルサイユ、スィル ヴ プレ。

この電車はヴェルサイユに止まりますか？
Est-ce que ce train s'arrête à Versailles ?
エスク ストラン サレットゥ ア ヴェルサイユ？

観光案内所で

(街の地図／日本語か英語のパンフレット)をください。
Pouvez-vous me donner (le plan de la ville / un dépliant en japonais ou en anglais) ?
プヴェ ヴ ム ドネ（ル プラン ドゥ ラ ヴィル／アン デプリアン オン ジャポネ ウ オン ナングレ）？

日本語か英語の次のガイド付き見学は何時からですか？
A quelle heure commence la prochaine visite guidée en japonais ou en anglais ?
ア ケルー コマンス ラ プロシェヌ ヴィズィットゥ ギデ オン ジャポネ ウ オン ナングレ？

写真を撮ってもいいですか？
→はい、いいですよ。／いいえ、撮影禁止です。／フラッシュ無しならOKです。
Est-ce qu'on peut prendre des photos ?
→ Oui. / Non, c'est interdit. / Oui, sans flash.
エス コン プ プランドル デ フォト？
→ウイ。／ノン、セ タンテルディ。／ウイ、サン フラッシュ。

ここの見学は有料ですか？
→有料です。XXユーロです。／無料です。
Est-ce que la visite est payante ?
→ Oui, c'est XX euros . / Non, c'est gratuit.
エスク ラ ヴィズィットゥ エ ペイヤントゥ？
→ウイ、セ XX ユーロ。／ノン、セ グラチュイ。

Chartres

パリのモンパルナス駅から1時間ほどで到着するシャルトルは、この国の豊かな歴史と文化をさらに深く知ることのできる中世の街。車窓から眺めるのどかな田園風景は、パリとはまた違ったフランスの魅力を教えてくれます。ユネスコの世界遺産に指定され、ゴシック建築の傑作と名高いシャルトル大聖堂の観光を中心に、ウール川沿いの古い街並みを散策したり、にぎやかな旧市街で買い物を楽しんだり、この街の見どころと楽しみ方をご紹介しましょう。

シャルトルへのアクセス

パリからシャルトルへは、SNCF（フランス国鉄）のモンパルナス駅（Gare Montparnasse）からTER（地方特急電車）に乗って、1時間前後でシャルトル駅（Gare de Chartres）に到着します。

チケットの金額・購入方法

チケットは片道14€（2011年2月現在）。
前もって国鉄駅の窓口で往復チケットを購入しておくのが最も確実です。
SNCFの公式サイトでは、日本にいながらにして、予約・購入が可能ですが、出発前に、駅構内にある黄色い自動券売機にオンライン予約で利用したクレジットカードを差し込み、暗証番号を押してチケットを印刷・受領する必要があります。
http://www.voyages-sncf.com（仏語のみ）

知っておくと便利な情報

- モンパルナス駅はモンパルナスタワーの裏手に位置するガラス張りの建物。
- メトロMontparnasse-Bienvenüe駅(モンパルナスビヤンヴニュ)④⑥⑫⑬から構内を歩いてアクセスする際は、「Trains Grandes Lignes」(トラン グランド リーニュ)という表示に沿っていくこと。最上階が出発ホーム。
- モンパルナス駅1番ホーム横にある待合室にはトイレ（有料）あり。自由に利用できる電源も数ヶ所あるので、いざというときの充電に。
- パリ発、シャルトル発いずれも平日朝4時頃から22時頃まで、週末は朝8時頃から22時頃まで1時間に1本の割合で運行。
- シャルトルが終着駅ではない場合もあるので、掲示板はDestination（目的地）ではなく電車の時刻と番号で確認すると確実。帰りはモンパルナス駅が必ず終点です。
- TER内はトイレあり。車内は自由席。
- 5月中旬～9月中旬に「Chartres en Lumière 光のシャルトル」と題し、大聖堂をはじめとする27のスポットが日没からライトアップされます。この季節に行く方はお見逃しなく！ 詳細は公式サイトで。

シャルトル駅から大聖堂までのアクセス

シャルトル駅は出口がひとつ。駅を背にして大通り（avenue Jehan de la Beauce）を行くと、左手にシャトレ広場が見え（季節によって観覧車あり）、その奥に覗く大聖堂の塔を目印に広場を横切れば、観光案内所①（下段参照）にたどり着きます。地図やパンフレットをもらい、シャルトル観光をスタートしましょう！

観光案内所

シャルトルには2つの観光案内所があり、1年を通じ、1月1日、12月25日をのぞく毎日開いています。街の中心に位置する案内所②は、サーモン・ハウスと呼ばれる歴史的建造物の中に入っているので、写真撮影にもぜひ立ち寄って。

① Office de Tourisme "Cathéderale"（大聖堂横、駅近く）
住所：Place de la Cathéderale 28000 Chartres　電話：02 37 18 26 26
営業日：【4～9月】月-土 9:00-19:00、日・祝 9:30-17:30　【10～3月】9:00-18:00、日・祝 9:30-17:00
定休日：1月1日、12月25日

② Maison du Tourisme / Maison du Saumon（サーモン・ハウス）
住所：Place de la Poissonnerie 28000 Chartres　営業日：9:00-13:00/14:00-18:00
定休日：1月1日、12月25日　http://www.chartres-tourisme.com（日本語対応）

地図上のテキスト

SNCF Gare de Chartres
フランス国鉄
シャルトル駅

R. Nicole
R. Félibien
Av. Jehan de la Beauce

観光案内所①
観光のスタート地点。
まずはここで市街マップとパンフレットを入手しよう。

この広場から大聖堂の塔が見えるので、それを目印に進めばOK。

Bd. Maurice Viollette
Esplanade de la Résistance
Pl. des Epars
Pl. Châtelet
R. d'Harleville
R. du Bois Merrain
R. Noël Ballay
Pl. Jean Moulin
R. du Cheval Blanc
R. de l'Étroit Degré

Au Bon Croissant P93
オ・ボン・クロワッサン
（ケーキ／サロン・ド・テ）

Le Pichet 3 P92
ル・ピシェ・トロワ
（サロン・ド・テ／雑貨）

R. de la Tonnellerie
R. Marceau
R. du Soleil d'Or
R. de Béthléem
R. Serpente

Centre International du Vitrail
ステンドグラス国際センター

Pl. de Cygne
Pl. Marceau

Crep' salads P91
クレップサラッド（クレープ）

大聖堂裏の庭園から眺める景色は最高！

Pl. des Halles
Cloître Notre Dame

Cathédrale de Chartres P91
シャルトル大聖堂（教会）

市役所
広場にはカフェやブティックがありとてもにぎやか。

R. des Changes
Pl. Billard
R. Poissonnerie

Péchés Gourmands P93
ペシェ・グルマン
（クッキー／キャンディ／おみやげ）

R. des Grenêts
Marché
市場

R. des Acacias

Escalier de la Reine Berthe
ベルト王妃の階段

サーモン・ハウス
観光案内所②は木骨造りの美しい歴史的建造物サーモン・ハウスの中にある。

人気ブランドやチェーン店、スーパー、ATMなどが多く並び、地元っ子たちが集う、シャルトルで最も活気あふれる界隈。観光とは違った普段着の生活が覗ける。

R. des Ecuyers
R. Saint Pierre
R. aux Juifs
R. du Bourg
R. de la Foulerie
L' Eure ウール川
R. de la Tannerie

R. Pl. aux Carpeses
R. Pont St-Hilaire
R. de l'Ane Rez piscine
R. de la Grenouillère

ウール川と旧市街の散策 P94

ピカシエットの家周辺図

R. d'Albis
R. Saint Barthélémy
R. du Faubourg La Grappe

Cimetière Saint-Chéron
サン・シェロン墓地

R. de Sours
R. du Souvenir Français
R. St-Chéron
R. des Grandes Pierres Couvertes
R. de Begos

Maison Picassiette
ピカシエットの家 P94

ピカシエットの家へ

1:6,500 0 — 100m

パリ
シャルトル

1:17,000 0 — 200m

Chartres

フランスのゴシック建築最高峰とうたわれる世界遺産
Cathédrale de Chartres
シャルトル大聖堂

1979年にユネスコ世界遺産に登録されたシャルトル大聖堂は、1134年から130年近くの歳月をかけて建造されたフランスが誇るゴシック建築で、当時の職人たちの熟練した技を今に伝えています。見どころは「シャルトル・ブルー」に光る荘厳なステンドグラス、床に描かれたラビリンス、クリプト（地下聖堂）など。塔に階段（300段！）で上る時間のない人は、大聖堂裏の庭園から眺める風景がおすすめ。

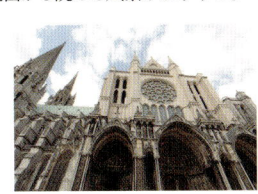

5月〜9月にかけてライトアップされる大聖堂やシャルトルの街並みは必見。

24 Cloître Notre Dame 28000 Chartres
電話：02 37 21 75 02
開館日：毎日 8:30-19:30（6〜8月は22:00まで）
塔見学：7€【5〜8月】8:30-12:00/14:00-17:30、【9〜4月】8:30-12:00/14:00-16:30
年間を通して日曜は午後のみ。
1月1日、5月1日、12月25日は見学不可。
クリプト見学：2.7€ 1日数回のガイドつき見学。
1月1日、12月25日は見学不可。
http://www.cathedrale-chartres.fr

創作クレープでお手軽ランチタイム
Crep' salads
クレップサラッド

大聖堂から歩いて1分とかからない小道にあるクレープ専門店。山羊のチーズとドライフルーツ、エビとタリアッテレのホワイトソースなど、これものせちゃうの？ とびっくりするような創作クレープや個性派デザートクレープが人気。シンプルなものは5€〜、凝ったものでも10€以下とリーズナブル。素早くすませたい人はシードルのついたランチコースを。

7 rue Serpente 28000 Chartres
電話：02 37 21 53 12
営業日：月-日 10:00-14:00/18:00-22:00　定休日：無休
予算：昼コース 9.9€、クレープ 5€〜、サラダ 8.5€、
デザートクレープ 2.5€〜　カード：VISA, Master
http://crepsalads.fr

上：帆立＆エビのウイスキーフランベのクレープ Seresville 8.7€
左：小さな中庭のテラス席も気持ちいい。

アンティークと共にクリエイターのアクセサリーやバッグも並ぶ。

素朴なかわいらしさのブロカントでほっとひと休み

Le Pichet 3
ル・ピシェ・トロワ

大聖堂と観光案内所を結ぶ小道にある「ル・ピシェ・トロワ」は、お茶や食事もできるかわいらしいアンティーク雑貨のお店。パリ万博と同じ1889年に建てられた年月を感じさせる店内には、陶器のピッチャーやギンガムチェックのテーブルクロスなどがところ狭しと並べられ、懐かしい香りが漂います。地下には素朴な椅子とテーブルが置かれたサロン・ド・テが。床のタイルや壁がフランスらしく、まるでここだけ時間がゆっくりと流れているよう。野菜のポタージュ（4€）やうさぎの煮込み（14€）など、ここで味わえる土地の名物は、瓶詰めでも買うことができます。赤かぶの甘みを使った地元のコーラ、Beauce Cola（ボース コーラ）や昔ながらのレモネードもぜひ試してみて。

エッフェル塔と同い年の店内は、古き良き時代のフランスを偲ばせる。

19 rue du Cheval Blanc 28000 Chartres
電話：02 37 21 08 35
営業日：（4〜10月）10:00-19:00、
（11〜3月）11:00-17:00
定休日：火
カード：VISA, Master

フランスみやげに喜ばれる昔ながらのお菓子
Péchés Gourmands
ペシェ・グルマン

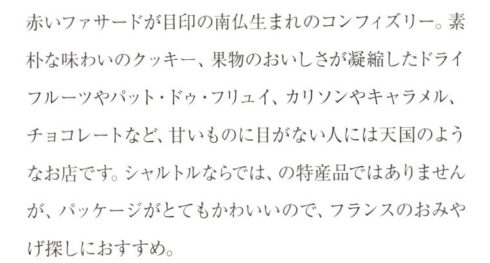

赤いファサードが目印の南仏生まれのコンフィズリー。素朴な味わいのクッキー、果物のおいしさが凝縮したドライフルーツやパット・ドゥ・フリュイ、カリソンやキャラメル、チョコレートなど、甘いものに目がない人には天国のようなお店です。シャルトルならでは、の特産品ではありませんが、パッケージがとてもかわいいので、フランスのおみやげ探しにおすすめ。

真っ赤な店内にずらりと並ぶクッキーやドライフルーツがおいしそう！年中無休、夏期は深夜までオープンしているのも便利。

33 rue des Changes 28000 Chartres
電話：02 37 21 52 91
営業日：【9〜6月】10:00-19:00(月は午後のみ)、【7〜8月】9:30-24:00
定休日：無休
カード：VISA, Master
http://www.peches-gourmands.fr

地元っ子が憩う街のサロン・ド・テ
Au Bon Croissant
オ・ボン・クロワッサン

大聖堂見学を終え、にぎやかな中心地を訪れたらこのお店でひと休みを。1階はパンとケーキの販売、奥の階段を上るとサロン・ド・テがあります。1階のショーケースで好みのケーキをチェックしておくと、席についてオーダーするときに安心。店内は地元マダムがくつろぐ落ち着いた雰囲気で、ケーキ3.1€、紅茶3€とお値段も良心的です。トイレもあって心強い。

「町のパン屋さん」といった気軽な雰囲気の店内。丁寧に作られた味わいのケーキは、生クリームを添えてサーブされる。

1 rue Bois Merrain 28000 Chartres
電話：02 37 21 36 28
営業日：月-土 7:00-20:00 (サロン・ド・テは10:00-19:30)、日 14:00-19:30
定休日：無休
カード：VISA

Chartres

旧市街をゆったりと流れるウール川は、眺めているだけで癒される。

中世の街並みと穏やかな空気に包まれて

L'Eure, Les Vieux Quartiers et La Maison Picassiette
ウール川と旧市街の散策、ピカシエットの家

大聖堂と並ぶシャルトルの大きな魅力のひとつが、街を流れるウール川とその周辺の旧市街。大聖堂裏手の庭園をスタート地点に、階段を下りて橋を渡り、かわいらしい木組みの家々や中世の街並みを眺めながら、静かに流れるウール川沿いを散策しましょう。もう少し足を延ばして15分ほど歩くと、「ピカシエットの家」があります。無名の墓守だったレイモン・イジドールさんが、道に落ちていた陶器やガラスの破片を使って、30年以上こつこつと自宅をモザイクで飾ったという驚くべき芸術作品。この特異な魅力を放つ家に不思議な感動をおぼえることでしょう。川を横切って坂を上れば、中心街に出ます。休憩を挟みながら、観光とショッピングを楽しみましょう。

名もなき芸術家イジドールさんの静かな情熱が伝わってくる。没後に歴史的建造物として認定。

©Musée des Beaux-Arts de Chartres

22 rue du Repos 28000 Chartres
開館日：【4月1日〜11月30日】月・水〜日
10:00-12:00/14:00-18:00
(日は午後のみ)
閉館日：火、12月1日〜3月31日、
5月1日・8日、11月11日
料金：通常 5.2€、割引 2.6€
駅から乗車できる5番と12番の市バスで
Saint-Chéron Picassiette下車。

パリ左岸のエレガンスを体現する界隈

Saint Germain des Prés

サンジェルマン・デプレ

左岸の中心といえるこの界隈には、華やかな右岸とはまた違う、落ち着きのある空気が流れています。知識人たちが集った文学カフェやボザール周辺のアートギャラリー、デパートや高級ブランドすら控えめな佇まいで、パリらしい文芸の香りに満ちたエリア。サンジェルマン大通りを中心に散らばる石畳の小道は散策にぴったり。

{ 主な観光スポット }

サンジェルマン・デプレ教会

リュクサンブール公園

サン・シュルピス教会

不思議のメダイの聖母の聖堂

カフェ・ド・フロール、レ・ドゥー・マゴ

ボン・マルシェ・デパート＆食品館

P123 アンヴァリッド／エッフェル塔へ

Allison（セレクト）アリソン
Dalloyau（ケーキ/惣菜）ダロワイヨ
L'Hôtel de Matignon マティニョン館
エリア C
Musée Maillol マイヨール美術館
エリア A
Sonia Rykiel（レディス）ソニア・リキエル
Servane Gaxotte（ジュエリー）セルヴァンヌ・ガクソット
Debauve & Gallais（チョコレート）ドゥボーヴ・エ・ガレ
P138 Pylones（文房具/キッチン雑貨）ピローヌ
Un Jour Un Sac（バッグ）アン・ジュール・アン・サック
Chemins Blancs P22 ブラン シュマン・（レディス）
Zef（子供服）ゼフ
Le Pain Quotidien（カフェ）ル・パン・コティディアン
P109 La Pâtisserie des Rêves（ケーキ）ラ・パティスリー・デ・レーヴ
Maison Fabre（手袋）メゾン・ファーブル
Paul & Joe（レディス/メンズ）ポール＆ジョー
IRO（レディス）イロ

Rue de Grenelle グルネル通り
プラダ、ルブタン、ミシェル・ペリーなど高級ブランドが並ぶ。

P106 Hugo & Victor（ケーキ/チョコレート）ユーゴ・エ・ヴィクトール
Le Bac à Glaces（アイスクリーム）ル・バック・ア・グラス
Petites Mendigotes（バッグ）プティット・モンディゴット
Paul & Joe Sister ポール＆ジョー・シスター
Repetto（靴）レペット
Camper（靴）カンペール
Bonton Bazar（子供/インテリア）ボントン・バザール
Conran Shop（インテリア）コンラン・ショップ
Bookbinders Design（文房具）ブックバインダーズ・デザイン
Sèvres-Babylone セーヴル・バビロン
Claudie Pierlot（レディス）クローディー・ピエルロ

Square Boucicaut ブシコー公園
ボン・マルシェの食品館で買ったおいしい惣菜を、ベンチに腰かけて味わおう。

Hermès エルメス
Saint James（ボーダーシャツ）セント・ジェームス
St-Sulpice サン・シュルピス

Le Bon Marché ボン・マルシェ
左岸最古のデパート。2階には手軽に食事できるギー・マルタンのカフェMIYOUもある。

La Maison du Chocolat（チョコレート）ラ・メゾン・デュ・ショコラ
Petit Bateau（子供服/レディス）プチバトー
ザラ Zara（レディス）

Rue de Rennes レンヌ通り
H&M、Zara、Kookaï、Andréなどプチプライスの人気ブランドが並び、パリで一番高いモンパルナスタワーも見える。

P109 Hôtel de l'Abbaye ホテル・ドゥ・ラベイ

La Chapelle Notre Dame de la Médaille Miraculeuse 不思議のメダイの聖母の聖堂
奇跡のメダイのチャームが購入できる。

La Grande Epicerie de Paris ラ・グランド・エピスリー・ドゥ・パリ
ボン・マルシェの食品館はグルメなおみやげ探しにおすすめ！

Jean Charles Rochoux（チョコレート）ジャン＝シャルル・ロシュー
Patrick Roger（チョコレート）パトリック・ロジェ
Vaneau ヴァノー
P110 Mamie Gâteaux（サロン・ド・テ）マミー・ガトー
Rennes レンヌ
Jüli P108 ジュリ（セレクト）
Bensimon ベンシモン
St-Placide サン・プラシッド
Sadaharu Aoki（ケーキ）サダハル・アオキ

1:8,000　0　100m

徒歩約7分

Saint Germain des Prés

Ecole Nationale Supérieure des Beaux-Arts
フランス国立高等美術学校

Carré Rive Gauche
カレ・リヴ・ゴーシュ
骨董から現代アートまで幅広いジャンルのギャラリーが並ぶ

ドラクロワ美術館のあるこの界隈は、左岸らしい穏やかな雰囲気が魅力。

Passage Dauphine
パッサージュ・ドーフィヌ
パリらしい雰囲気の小さなパッサージュ。サロン・ド・テで穏やかな時間を過ごせる。

Aésop イソップ（コスメ）
Ladurée ラデュレ（マカロン/サロン・ド・テ）

Monnaie de Paris
パリ造幣局博物館

Huilerie Artisanale J. Leblanc et Fils
ユイルリー・アルチザナル・ジー・ブラン・エ・フィス（オリーブオイル）

L' Heure Gourmande
ルール・グルマンド（サロン・ド・テ）

Cour de Commerce Saint André
クール・ドゥ・コメルス・サン・タンドレ
1735年発祥の小さなパッサージュにはパリ最古のカフェ「プロコープ」があり、古き良き時代をしのばせる。

Eggs & Co. エッグス・エ・コ（卵料理）
Les Deux Magots レ・ドゥ・マゴ（カフェ）
Café de Flore カフェ・ド・フロール（カフェ）

Gien P142 ジアン（陶器）
Pixi & Cie ピクシー・エ・カンパニー（フィギュア）

Upla P110 ウプラ（バッグ）

Musée National Eugène Delacroix ドラクロワ美術館

Meert P105 メール（ゴーフル/チョコレート）

Francart P104 フランカール

エリア B

Mariage Frères マリアージュ・フレール（紅茶/サロン・ド・テ）

Louis Vuitton ルイ・ヴィトン

L' Eglise Saint Germain des Prés サン・ジェルマン・デ・プレ教会

Jérôme Dreyfuss ジェローム・ドレフュス（惣菜/ケーキ/おみやげ）

Kusmi Tea P110 クスミ・ティー（紅茶/サロン・ド・テ）
Amorino アモリ（ジェラート）P140

KGB P102 カ・ジェ・ベ（フレンチ）

Armani アルマーニ（レディス/メンズ）
Da Rosa ダ・ローザ（エピスリー）
Grom グロム（ジェラート）
Artès アルテス（ノート）

Zara ザラ（レディス）
St Germain des Prés サン・ジェルマン・デ・プレ M④

St-Michel サン・ミッシェル M④⑩

Des Petits Hauts デ・プチ・オ（レディス）
Aigle エーグルアイグル（アウトドア）
Mabillon マビヨン M⑩

Starbucks Coffee スターバックス（カフェ）

Huîtrerie Régis ユイトルリー・レジス（生牡蠣）

Le Jacquard Français ル・ジャカール・フランセ P144（テーブルリネン）

Les Petites... レ・プティット（レディス）P110

Léon de Bruxelles レオン・ドゥ・ブリュッセル（ムール貝）P110

Mellow Yellow メロー イエロー（靴）

Ekyog P18 エキヨグ（レディス/子供服）

Pierre Marcolini ピエール・マルコリーニ P110（チョコレート）

Odéon オデオン M④⑩

Starbucks Coffee スターバックス（カフェ）

Cotélac コテラック（レディス）

Patrick Roger パトリック・ロジェ（チョコレート）

YSL イヴ・サン ローラン
Pl. St. Sulpice

Cluny la Sorbonne クリュニー・ラ・ソルボンヌ M⑩

La Maison de Thé ラ・メゾン・ドゥ・テ（サロン・ド・テ）P110
MUJI 無印良品（雑貨）

Starbucks Coffee スターバックス（カフェ）

Hervé Chapelier エルベ・シャプリエ（バッグ）

Le Comptoir du Relais ル・コントワール・デュ・ルレ（フレンチ）

agnès b. アニエス・ベー
Ekjo P98 エクジョ（レディス）
L' Avant-Comptoir P110 ラヴァン・コントワール（フランス風タパス/クレープ）

Pierre Hermé ピエール・エルメ（チョコレート）
Eglise Saint Sulpice サン・シュルピス教会
La Crèmerie ラ・クレムリー（ワインバー）

Tila March ティラ・マーチ（靴/バッグ）P100

Le Marché Saint German
マルシェ・サンジェルマン
この界隈唯一の屋内市場。テイクアウトできる惣菜屋さん、気軽なバーのほか、GAPなどのお店もあり。

Avril Gau アヴリル・ゴウ（靴/バッグ）P100

Bonpoint ボンポワン（子供服/サロン・ド・テ）
Gérard Mulot ジェラール・ミュロ（チョコレート）

Comptoir de Famille コントワール・ドゥ・ファミーユ（食器/インテリア小物）

Vanessabruno ヴァネッサ・ブリューノ（レディス）

Au Plat d' Etain P101 オ・プラ・デタン（フィギュア）
Comme à Savonnières P101 コム・ア・サヴォニエール（フレンチ）

Dalloyau ダロワイヨ（ケーキ/惣菜）

P111 カルチエ・ラタンへ➡

Bread & Roses ブレッド・アンド・ローゼズ（パン/ケーキ）

Jardin du Luxembourg リュクサンブール公園
Pl. Edmond Rostand エドモン・ロスタン広場

Luxembourg リュクサンブール駅 RER B

Saint Germain des Prés

見どころが
ぎっしり詰まった宝箱

アニエスベーやポール＆ジョー、エルベシャプリエ、ピエール・エルメ、ジェラール・ミュロなど、モードからグルメまで必ず立ち寄りたいお店が並ぶだけでなく、偶然行き着いた通りにもクリエイターの小さなお店やセレクトショップ、グルメの隠れた名店に出会えるうれしい驚きに満ちた場所。サンジェルマンやレンヌなどの大通りをあえて避けて、小道の隅々までくまなく歩きましょう。

アジアの感性とパリの空気が融合するモード

Ekjo
エクジョ

NYとロンドンを経て、モードの名門、パリのStudio Versoを卒業した韓国人デザイナーの「エクジョ」。個性的なカッティングやドレープの美しさに代表される確かな技術はもちろん、繊細なニュアンスカラーの色づかい、かわいらしさとエレガンスが共存するアジア人独特のセンスが、幅広い年齢層のパリジェンヌの心をつかみました。パンプスやバッグなども魅力的で、パリらしさをプラスしてくれます。コンセプトはマレにあるアトリエで生み出され、すべての洋服はフランス国内の腕利きの職人の手によって作られています。良質な天然素材にこだわり、本物のファーは使わないポリシー。ブティックでは環境にやさしい材料で作られているマネキンのみを置くなど、エコへの関心の高さもうかがえます。

レザーのポーチやお財布も、しっかりとした作りが上品で大人っぽい印象を与えてくれる。

6 rue des Quatre Vents 75006
電話 : 01 40 46 89 67
メトロ : Odéon ④⑩
営業日 : 月-土 10:30-13:30/14:30-19:30
定休日 : 日
カード : VISA, Master, AMEX
http://www.ekjo.fr
他店舗 : 32 rue de Poitou 75003 (P31A)

Saint Germain des Prés

A

スタイルや色ごとにディスプレイされ、とても見やすい店内。

一枚はおるだけでぐんと個性の引き立つアイテムが充実。

人気シューズ・ブランドがついにパリ1号店オープン

Avril Gau 🇫🇷
アヴリル・ゴウ

90年代からシャネルのシューズ・ディレクターを務めるなど活躍を見せていたアヴリル・ゴウが2002年に立ち上げた自身のブランド。日本のセレクトショップでも注目を浴び、2010年秋ついにパリに1号店をオープンさせました。エレガントでモード、かつ履き心地の良さにもこだわったシューズはもちろん、バッグやクラッチもパリジェンヌに大人気。

アヴリル・ゴウの新作シューズやバッグを誰よりも早く手に入れるなら、ぜひここのショップへ！

17 rue des Quatre Vents 75006
電話：01 43 29 49 04　メトロ：Odéon ④⑩
営業日：月-土 11:00-19:00　定休日：日
カード：VISA, Master, AMEX, JCB
http://www.avrilgau.com
他店舗：46 rue Croix des Petits Champs 75001（P13）

かわいさ、使いやすさ、丈夫さを兼ね備えたトートバッグ

Tila March 🇫🇷
ティラ・マーチ

ファッションエディターとして活躍するタマラさんが、「自分が本当に持ちたい理想のバッグ」を鞄職人に作らせたのが、このブランド誕生のきっかけ。こうしてシックでフェミニン、使いやすさと洗練が共存する唯一無二のトートバッグ、Zelig(ゼリグ)ができあがり、瞬く間にたくさんの女の子たちが夢見るバッグになりました。パリ初のこのお店で、いち早く「ティラ・マーチ」の新作をチェック！

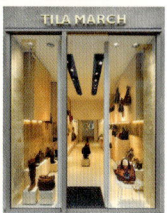

24 rue Saint Sulpice 75006
電話：01 43 26 69 20
メトロ：Mabillon ⑩、Odéon ④⑩
営業日：月-土 10:00-19:00　定休日：日
カード：VISA, Master　http://www.tilamarch.com
他店舗：117 rue Vieille du Temple 75003（P31A）

人気シリーズがずらりと顔を揃える店内。ティラ・マーチのファンなら、歓声を上げてしまいそう。小物やシューズの品揃えも充実！

Saint Germain des Prés

A

18世紀から続く鉛の兵隊人形の老舗
Au Plat d'Etain
オ・プラ・デタン

1775年創業、フランスやイギリスで今も手作りされているとても精巧な鉛人形の老舗。もともと子供のおもちゃだったものが現在では大人のコレクション向けに売られています。第一次世界大戦などのエピソードをテーマにした兵隊ものが主ですが、古代エジプトやサーカス、動物などの人形もあり、フランスらしいおみやげのアイデアにも。小さいものなら1点25€〜。

16 rue Guisarde 75006
電話：01 43 54 32 06
メトロ：Mabillon ⑩、St-Sulpice ④
営業日：火-土 10:30-18:30
定休日：日、月、8月　カード：VISA, Master, AMEX
http://www.auplatdetain.com

どの人形の表情や仕草もすべていとおしく、眺めているとミニチュアの世界に引き込まれる。

極上の肉料理を味わえる小さなレストラン
Comme à Savonnières
コム・ア・サヴォニエール

ロワール川の流れるトゥール出身のヴァランタンさんが営むこのお店は、おいしい肉料理を味わえると評判のレストラン。それもそのはず、オーナーの父も叔父も、地元で肉屋を営むエキスパート。飼育から調達まで家族で手がけ、品質に絶対の自信を持っています。店内は日替わりランチを楽しむパリジャンでいつもにぎやか。気軽な雰囲気のなか、極上の肉料理をどうぞ。

18 rue Guisarde 75006
電話：01 43 29 52 18　メトロ：Mabillon ⑩、St-Sulpice ④
営業日：火-土 12:00-14:30/19:00-23:30
定休日：日、月、8月中旬2週間　予算：昼2品 15.5€、
昼夜アラカルト前菜 6.5€〜、メイン 13.5€〜、デザート 6.5€〜
カード：VISA, Master, AMEX

これが名物のアンドゥイエット！ 臓物に抵抗がない人は、メニューにあればぜひオーダーしてみて。

Saint Germain des Prés

静けさに包まれたアートなエリア

教会のそびえる広場からセーヌ川まで、このエリアはサンジェルマン界隈でもさらに静かで落ち着いた雰囲気。アートギャラリーを眺めながら歩いたら、「ラデュレ」でちょっと休憩。石畳がすてきなドラクロワ美術館周辺は左岸らしい散策スポット。さらに東へ進めば、にぎやかなセーヌ通りやビュシ通りへ。サン・ミッシェル広場へ続く小道はおみやげを探しながらぶらぶらしましょう。

フランスとアジアのおいしい融合

KGB
カ・ジェ・ベ

ミシュラン1ツ星レストラン「Ze Kitchen Galerie」のセカンド店ということで「Kitchen Galerie Bis」。アジアの食材をふんだんに取り入れた個性的な本店シェフの料理に対し、弟子である「KGB」のシェフ、ヤリヴさんの料理はもう少しソフトにアレンジされてフランス料理らしい味わいもしっかり感じられ、それが日本人にとっては逆にうれしいところ。「Zors-doeurvre」と呼ばれる前菜は昼なら3種、夜は5種のミニ前菜セット。タパスのように違うものを少しずつ味わえるのも私たち好みです。ランチは3種の前菜＋メイン＋デザート、ハーフボトルの水、コーヒーつきで34€。前菜かデザート、どちらかだけにすれば27€と比較的リーズナブルなのも満足感を与えてくれます。

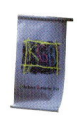

食べておいしいだけでなく、目も楽しませてくれる色彩の美しさ。

25 rue des Grands Augustins 75006
電話：01 46 33 00 85
メトロ：Odéon ④⑩
営業日：火-土 12:30-14:15/19:30-22:30
定休日：日、月、7月下旬〜8月中旬3週間
予算：昼2品 27€、3品 34€、夜5品 60€
カード：VISA, Master, AMEX

Saint Germain des Prés

B

ギャラリーという名にぴったりのコンテンポラリーな店内。

おいしいものを少しずつ、という望みを叶えてくれる前菜。

種類豊富なミニサンドイッチは3.10€〜。

日替りメニュー(6.80€)目当ての常連さんも多い。

味も見た目も大満足のフレンチ・デリ

Francart
フランカール

おいしいものを食べる喜びを伝えたい……そんな願いから生まれたお惣菜屋さん「フランカール」は、開店直後からお客さんが絶えず、お昼時には行列のできる人気店です。店内にところ狭しと並ぶほうれん草のクリーム煮やトマト・ファルシ、牛肉の赤ワイン煮などフランス伝統のお惣菜、そしてチョコレートケーキやフルーツのタルトなどのデザートはすべて手作りで、その繊細な味つけには定評があります。パーティー料理などのケータリングも扱っているだけあって、一品一品の美しさにも注目。ランチに人気のミニサンドイッチは見た目のかわいさも相まって、ついあれもこれもと買いすぎてしまいます。前菜、メイン、チーズ、デザート、パン、飲み物、すべてが揃う旅行者にも便利なお店です。

ここで買って帰れば豪華なホテルごはんに。おみやげ用にキャラメルやオイルも。

30 rue Dauphine 75006
電話：01 43 54 35 80
メトロ：Odéon ④⑩
営業日：火-日 10:00-20:00
定休日：月、8月上旬2週間
カード：Visa, Master
http://maisonfrancart.com

Saint Germain des Prés

B

ゴーフルにはバニラのほかラムレーズンやマロンなどさまざまなフレーバーがある。

19世紀から伝わるしっとりゴーフルをお試しあれ

Meert
メール

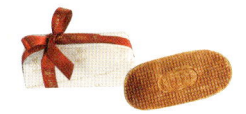

フランス北部の街リールで1761年に創業し、長年市民に愛され続けている街の象徴的存在「メール」。パリでもその人気は高く、マレ地区に誕生した1号店に続き、サンジェルマン・デプレの静かな小道に2号店が開店しました。小ぢんまりとした店構えながら、店内の行き届いた装飾からは歴史あるメゾンの長い伝統が感じられます。チョコレートやキャラメルもおいしいですが、この店の代名詞はやはりフランス語でgaufre（ゴーフル）と呼ばれるワッフル。2枚の柔らかいワッフル生地の間に上質なバニラの香り高いクリームをはさんだこのお菓子は、19世紀に誕生してから変わらない秘伝のレシピで今も手作りされている逸品です。常温で8日間保存できるため、日本へのおみやげにしても喜ばれそう。

歴史を感じさせる黒のファサードは、リールにある本店の重厚な佇まいを思わせる。

3 rue Jacques Callot 75006
電話：01 56 81 67 15
メトロ：Saint Germain des Prés ④
営業日：火-金 10:30-19:00、土 10:30-13:00 / 14:00-19:00、日 10:30-13:00
定休日：月　カード：VISA, Master
http://www.meert.fr

Saint Germain des Prés

大通りからボン・マルシェまでの小さな散歩道

サンジェルマン大通りもこの辺りまで来ると目ほしいお店が少なくなります。ここからはセーヌ川に背を向けてバック通りを南へと歩きましょう。惣菜店やカフェ、花屋に交じって、インテリア雑貨、リネン、子供服などのシックなお店が並びます。マイヨール美術館や不思議のメダイの聖母の聖堂といった見どころも。ボン・マルシェ・デパートの食品館はグルメみやげの宝庫です！

今パリで人気の洗練パティスリー
Hugo & Victor
ユーゴ・エ・ヴィクトール

2010年、パリ左岸にオープンした「ユーゴ・エ・ヴィクトール」。以来、その洗練された味とビジュアルが人気を呼び、右岸にも新店舗が誕生。今パリで注目を集めるパティスリーです。オーナーは幼なじみのユーグさんとシルヴァンさん。ユーグさんは「ギ・サヴォワ」でシェフ・パティシエを務め、フランス・デザートコンクールで優勝した実力の持ち主。どのケーキもHugoとVictorの名が付けられ、Hugoは個性的でオリジナル、Victorはミルフイユやリジューズのようなクラシックなパティスリー。素材の良さを引き出した甘さ控えめのケーキや旬の果物を使ったタルトは、日本人にもしっくりくる味わいです。手帳風の小箱に入ったチョコレートはおみやげに。

モレスキンを思わせる手帳ふうの小箱入りチョコは、文系男子へのおみやげにもぴったり。

40 boulevard Raspail 75007
電話：01 44 39 97 73
メトロ：Sèvres-Babylone ⑩⑫
営業日：月-金・日 10:00-13:00/14:00-19:00、土 9:00-13:00/14:00-20:00
定休日：8月2週間
カード：VISA, Master, AMEX
http://www.hugovictor.com
他店舗：7 rue Gomboust 75001（P13C）
プランタンデパート内（P12C）

Saint Germain des Prés　C

ごろりと贅沢にのった、つややかな果物とサクサクのタルト生地の食感が絶妙。

ひとつひとつのケーキをショーケースにおさめ、美術館のような雰囲気。

おしゃれなジュリーさんのアドバイスを参考にして。　　キュートなディスプレイでアクセサリーがますます魅力的に。

日本人のセンスにぴったりくるジュリーさんのワードローブ

Jüli 元
ジュリ

訪れるたびに、あれもこれもとかわいいものに目移りしてしまう魅力的なセレクトショップ。若いパリジェンヌから年配のマダムまで、店をたずねてくる客層の広さが、「どんな女性でも着こなせる服を選ぶのがモットー」と語るオーナーのジュリーさんの言葉を裏づけています。フランスや北欧のクリエイターを中心に、ほかのショップではあまり見かけないブランドを比較的多く扱っているのが特徴。少し甘めのワンピースやコート、ロックテイストのTシャツとパンツ、毎日履きたいフラットシューズ、上品なバッグ、華奢なアクセサリーと、トータルでコーディネイトできるアイテムが揃っています。服選びに迷ったらジュリーさんにぜひ相談しましょう。

手頃な値段のアクセサリーもたくさん揃い、旅の記念にひとつ手に入れたい。

20 rue d'Assas 75006
電話: 01 42 84 45 39
メトロ: Rennes ⑫
営業日: 火-土 11:00-19:00
定休日: 日、月、8月中旬2週間
カード: VISA, Master, AMEX
http://www.juli.fr

Saint Germain des Prés

夢のケーキ屋さんで味わうクラシックなパティスリー
La Pâtisserie des Rêves
ラ・パティスリー・デ・レーヴ

ジョエル・ロブションやピエール・ガニェールなどの名店で経験を積んだフィリップ・コンティシニさんが開いたその名も「夢のパティスリー」。芸術作品のようにガラスケースに飾られたケーキたちは、パリ・ブレストやサントノレ、ミルフイユなど、近ごろ逆に珍しいぐらいクラシックな顔ぶれ。選び抜いた食材を用いて丁寧に作られていることがよく分かる味わいです。

93 rue du Bac 75007
電話 : 01 42 84 00 82　メトロ : Rue du Bac ⑫
営業日 : 火-土 9:00-20:00、日 9:00-18:00　定休日 : 月
カード : VISA, Master
http://www.lapatisseriedesreves.com
他店舗 : 111 rue de Longchamp 75016

上 : ドーム型のケースが個性的なディスプレイ。
下 : 人気のリング型パリ・ブレスト
©Nicolas Matheus

時間がゆっくりと流れるサンジェルマンの隠れ家ホテル
Hôtel de l'Abbaye
ホテル・ドゥ・ラベイ　★★★★

鉄門の奥に佇むこのホテルは、周囲の喧噪を忘れるほど静かでおだやかな時が流れるパリの隠れ家的存在。上品でロマンティックな内装が、パリにいることを心から感じさせてくれるでしょう。テラスのあるジュニアスイート、バルコニー付きデュプレックスアパート、バスタブとシャワー別のくつろげる浴室、朝食無料サービスもあり、このホテルの魅力は語り尽くせません。

10 rue Cassette 75006
電話 : 01 45 44 38 11　メトロ : St-Sulpice ④
料金 : クラシック 240〜260€、デラックス 352〜380€、
ジュニアスイート 442〜477€、デュプレックス 498〜538€
カード : VISA, Master, AMEX
http://www.hotelabbayeparis.com

上 : どの客室もすべて異なる内装と壁紙で、何度訪れても新しい驚きを与えてくれる。
下 : パリの中心とは思えない静かな空間。

\\ まだある！／
Saint Germain des Prés のおすすめ

A L'Avant-Comptoir
ラヴァン・コントワール

カウンターでつまむ新しいフレンチ

すぐお隣の大人気レストラン「ル・コントワール」の姉妹店。少量で繊細なオードブルを主役にしたフランス風タパスをカウンターで食べられるほか、オリジナリティあふれる具とボリュームがうれしい焼きたてクレープも。

住所：3 carrefour de l'Odéon　電話：01 44 27 07 97
営：毎日12:00-23:00　無休

A Pierre Marcolini
ピエール・マルコリーニ

ベルギー出身の人気ショコラティエ

日本でも数店舗を持つ、知名度の高いピエール・マルコリーニのパリ1号店がこちら。カカオ豆から丁寧に作るチョコレートはもちろん、夏にだけ味わえるアイスクリームも絶品。ぜひ、本場の味を体験して。

住所：89 rue de Seine　電話：01 44 07 39 07
営：月-土10:30-13:00/14:00-19:00（土はノンストップ）
休：日

A La Maison de Thé
ラ・メゾン・ドゥ・テ

知る人ぞ知る中国風カフェ

サン・シュルピス教会向かいにある中国会館内のサロン・ド・テ。昼はタイ風ビーフサラダやベトナム風ボブンなどアジアンのランチ。午後はおいしい中国茶を「サダハル・アオキ」のケーキと共に楽しめる。

住所：76 rue Bonaparte (Maison de la Chine)
電話：01 40 51 95 17
営：月-土10:00-19:00（ランチ12:30-14:30）　休：日

A Léon de Bruxelles
レオン・ドゥ・ブリュッセル

フランス人も大好きなベルギー名物

ムール貝のワイン蒸しと揚げたてほかほかのフライドポテトはみんなが大好きな黄金メニュー。お昼から夜中までノンストップで食事ができ、ベビーチェアやお子様メニューもあって家族で楽しめる。

住所：131 bd Saint Germain　電話：01 43 26 45 95
営：月-木11:30-24:00、金土11:30-25:00、日祝11:30-24:00
無休

A Les Petites...
レ・プティット...

女性らしさを忘れない日常着

フランス各地に数十軒の店舗を構える人気ブランド。コンセプトは、どんなときもフェミニンでいられる「Couture Jour 昼間のクチュール」。黒やグレー、白のベーシックカラーにアクセントの利いたデザインが魅力。

住所：10 rue du Four　電話：01 55 42 98 78
営：月-土10:30-19:30　休：日

B Kusmi Tea
クスミ・ティー

カラフルなパッケージも魅力のロシアンティー

ロシア革命を逃れてパリにやってきた紅茶の老舗。スパイシーなロシア風紅茶は、はちみつやジャムで甘くして飲むとやみつきに。ミニ缶セットはおみやげにぴったり。

住所：56 rue de Seine　電話：01 46 34 29 06
営：10:30-20:00
休：日

B Upla
ウプラ

かわいくて便利な斜めがけバッグの定番

1973年にパリで誕生したウプラは、バッグはレザーでなくちゃ、という意識の強いフランスでコットンやナイロン製のカジュアルバッグを広めたブランド。ポケットと革ベルトがアクセントのBesace du Pêcheur（ベザス デュ ペシュール）は大ベストセラー。

住所：5 rue Saint Benoît　電話：01 40 15 10 75
営：月-金 9:30-18:00　休：土日

C Mamie Gâteaux
マミー・ガトー

やさしい時間が流れるサロン・ド・テ

オーナーのマリコさんとご主人が営むこのお店は、アンティークのカフェオレボウルが飾られたフランスらしい空間で、手作りのフルーツタルトとオリジナルの紅茶を味わえるサロン・ド・テ。ランチタイムのサラダやケーク・サクレもおすすめ。

住所：66 rue du Cherche-Midi　電話：01 42 22 32 15
営：火-土11:30-18:00　休：日月

昔も今も学生が闊歩する界隈(カルチエ)

Quartier Latin
カルチエ・ラタン

中世から学問の中心地として栄え、ラテン語を話す教養人が集まったカルチエ・ラタン。現在もソルボンヌ大学などの有名校や専門書を扱う書店が並び、学生たちでにぎわいます。手早く安く食べられるお店が多いのも特徴。浴場や競技場などガリア・ローマ時代の遺跡が、パリ発祥の地としての趣も感じさせてくれます。

{ 主な観光スポット }

パンテオン

クリュニー中世美術館

セーヌ河岸のブキニスト

ノートルダム大聖堂

植物園

ソルボンヌ大学

ムフタール通り

P95 サンジェルマン・デプレへ

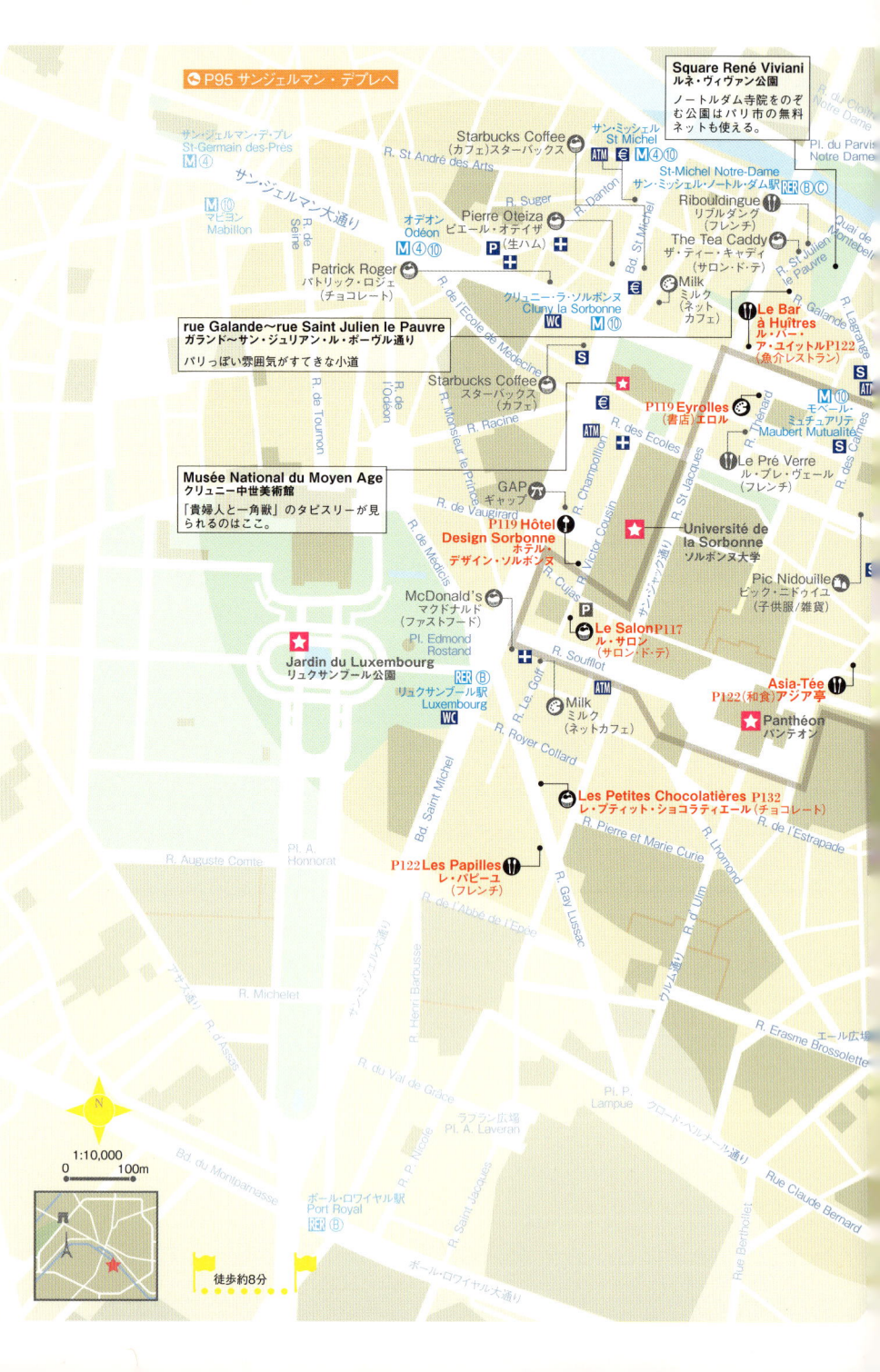

Square René Viviani
ルネ・ヴィヴァン公園
ノートルダム寺院をのぞむ公園はパリ市の無料ネットも使える。

- サンジェルマン・デ・プレ St-Germain-des-Prés M④
- サン・ジェルマン大通り
- Mabillon マビヨン M⑩
- Starbucks Coffee (カフェ) スターバックス
- サン・ミッシェル St Michel
- Odéon オデオン M④⑩
- Pierre Oteiza ピエール・オテイザ (生ハム)
- St-Michel Notre-Dame サン・ミッシェル・ノートル・ダム駅 RER B C
- Ribouldingue リブルダング (フレンチ)
- The Tea Caddy ザ・ティー・キャディ (サロン・ド・テ)
- Patrick Roger パトリック・ロジェ (チョコレート)
- Cluny la Sorbonne クリュニー・ラ・ソルボンヌ M⑩
- Milk ミルク (ネットカフェ)
- **Le Bar à Huîtres** ル・バー・ア・ユイットル P122 (魚介レストラン)

rue Galande〜rue Saint Julien le Pauvre
ガランド〜サン・ジュリアン・ル・ポーヴル通り
パリっぽい雰囲気がすてきな小道

- Starbucks Coffee スターバックス (カフェ)
- Maubert Mutualité モベール・ミュチュアリテ M⑩
- **P119 Eyrolles** (書店) エロル
- Le Pré Verre ル・プレ・ヴェール (フレンチ)

Musée National du Moyen Age
クリュニー中世美術館
「貴婦人と一角獣」のタピスリーが見られるのはここ。

- GAP ギャップ
- **P119 Hôtel Design Sorbonne** ホテル・デザイン・ソルボンヌ
- **Université de la Sorbonne** ソルボンヌ大学
- Pic Nidouille ピック・ニドゥイユ (子供服/雑貨)
- McDonald's マクドナルド (ファストフード)
- Pl. Edmond Rostand
- **Jardin du Luxembourg** リュクサンブール公園
- **Le Salon** P117 ル・サロン (サロン・ド・テ)
- Luxembourg リュクサンブール駅 RER B
- Milk ミルク (ネットカフェ)
- **Asia-Tée** P122 (和食) アジア亭
- **Panthéon** パンテオン
- **Les Petites Chocolatières** P132 レ・プティット・ショコラティエール (チョコレート)
- **P122 Les Papilles** レ・パピーユ (フレンチ)
- Port Royal ポール・ロワイヤル駅 RER B

N
1:10,000 0 100m

徒歩約8分

Quartier Latin

Cathédrale Notre Dame de Paris
ノートルダム大聖堂

Bouquiniste
セーヌ河岸のブキニスト
古本、60年代アイドル誌、ノスタルジックなポスターなどを売る古本商が立ち並ぶ名所。おみやげにぴったりの小物も見つかる。

Fromagerie Laurent Dubois
フロマジュリー・ロラン・デュボワ（チーズ）

Place Maubert モベール広場
火・木・土に立つ朝市と、地元っ子に愛されるパン屋やチーズ屋、肉屋がおすすめ。

Dyptique
ディプティック
（アロマキャンドル）

Pâtisserie Ciel P122
パティスリー・シエル
（ケーキ/サロン・ド・テ）

R. St-Louis-en-l'Isle
Pont Marie
Quai de Béthune
Sully Morland

La Tour d'Argent
ラ・トゥール・ダルジャン（フレンチ）

Itinéraires
イティネレール（フレンチ）

P133 サン・ルイ島へ
P57 バスティーユへ

Institut du Monde Arabe
アラブ世界研究所
ジャン・ヌーヴェルのモダン建築は必見。無料で上れる屋上テラスからパリを一望できる。

Louis Vins
ルイ・ヴァン（フレンチ）

Eric Kayser
エリック・カイザー（パン/ケーキ）

Quai de la Tournelle
Cochin
Bd. St Germain

Pema Thang
ペマタン（チベット料理）

Le Bonbon au Palais P118
ル・ボンボン・オ・パレ
（お菓子のセレクトショップ）

Cardinal Lemoine
カルディナル・ルモワンヌ

tout noté P122
トゥ・ノテ（ノート/インテリア）

Le Buisson Ardent P116
ル・ビュイッソン・アルダン（フレンチ）

Rue Linné リンネ通り
学生向けの安いカフェ、クレープ、サンドイッチ屋台が多く並ぶ。

Restaurant Christophe
レストラン・クリストフ（フレンチ）

Sugarplum Cake Shop P114
シュガープラム・ケーキショップ
（ケーキ/サロン・ド・テ）

Pl. de la Contrescarpe

Han Lim P122
ハンリン（韓国料理）

Jussieu シュシュー

Arènes du Lutèce
リュテス円形競技場跡
かつての競技場は今は公園として地元っ子に人気のスポット。

L' Arbre à Cannelle P122
ラルブル・ア・カネル（サロン・ド・テ）

Jardin des Pâtes
ジャルダン・デ・パット（オーガニックパスタ）

R. Lacépède
Place Monge プラス・モンジュ
Galerie Mouffetard-Monge

Place Monge モンジュ広場
水・金・日に立つ朝市はとてもにぎやか。

La Mosquée
ラ・モスケ（サロン・ド・テ）

R. Daubenton

【ちょっと寄り道】P120
Jardin des Plantes 植物園
珍しい植物や花々が咲く公園とはひと味違う穴場の散策スポット。

【ちょっと寄り道】P120
Muséum national d'Histoire Naturelle
国立自然史博物館

エリア A

Censier Daubenton
サンシェ・ドーバントン

Rue Mouffetard ムフタール通り
「パリの胃袋」と親しまれるにぎやかな通り。マルシェ、チーズ、パン、惣菜店のほか、カフェやレストランが軒を連ねる。

Sq. St Médard

Carl Marletti P122
カール・マルレッティ（ケーキ）

R. du Fer à Moulin

RER C
オーステルリッツ駅
Gare d'Austerlitz

A Quartier Latin

学生たちの活気とパリジャンの日常を肌で感じられるエリア

待ち合わせのメッカ、サン・ミッシェル駅前の噴水広場をスタート地点に、学生の多いエコール通り、モダン建築が美しいセーヌ河岸のアラブ世界研究所、さらに歩けば植物園とラ・モスケ、朝市でにぎわうモンジュ広場、そして「パリの胃袋」と称されるにぎやかなムフタール通りへとたどり着きます。旅行者にはなじみの薄いこの地区も、歩いてみると気取らないパリの日常を垣間見られるエリアです。

アメリカ菓子の本当のおいしさをパリに伝えるサロン・ド・テ
Sugarplum Cake Shop
シュガープラム・ケーキショップ

パンテオンの裏手にある「シュガープラム・ケーキショップ」は、アメリカとカナダ出身の3人の女性が切り盛りするサロン・ド・テ。アメリカのケーキは大味で甘くて着色料たっぷり、という不健康なイメージが強いフランスで、伝統的なアメリカ菓子の良さを多くの人に知ってほしい、という願いからこのお店が誕生しました。ショーケースに並ぶおいしそうなアップルタルトやキャロットケーキは、ママの味そのままのレシピに忠実に、奥のキッチンで毎日手作りされています。オーガニックや天然の食材を用い、フランスでも多く使用されているできあいのケーキミックスや保存料は一切入れないのがポリシー。ヘルシーでやさしい味わいが、近所に暮らすフランス人の評判になっています。

カウンターの奥で、いつも元気いっぱいの笑顔をふりまくローレルさん。

68 rue du Cardinal Lemoine 75005
電話 : 01 46 34 07 43
メトロ : Cardinal Lemoine ⑩
営業日 : 火-日 12:00-19:00
定休日 : 月、8月2週間
カード : VISA, Master
http://www.sugarplumcakeshop.com

Quartier Latin

お皿の上にのる作りたてのケーキやクッキー、タルトたち。

甘ずっぱいアップルタルトは、懐かしいアメリカのママの味。

外の喧噪が嘘のような静けさに包まれるシックな店内。　　　色鮮やかな山羊のチーズとほうれん草のパートフィロ包み。

カルチエ・ラタンで注目のネオ・ビストロ
Le Buisson Ardent 🍴
ル・ビュイッソン・アルダン

このレストランのある建物はフランス革命の際に破壊された修道院の跡地で、この場所には代々、旧約聖書の「モーゼと燃える柴」に由来する「ル・ビュイッソン・アルダン」という名前の店が存在しました。さらに店の壁には1925年に描かれたフレスコ画が残されるなど、歴史と深いつながりを持つレストラン。豚フィレ肉のスモークや牛テールのテリーヌ、仔牛レバーのポワレなど伝統的なフレンチを個性的なスパイスや味つけでモダンにアレンジした、軽やかなビストロ料理が楽しめます。昼なら2品15.10€、3品18.50€、夜は2品28.60€、3品32€と良心的な値段も人気の理由。近くのジュシュー大学の教授たちやアラブ世界研究所の所員たちで毎日にぎわっています。

サーモンのニンジン＆マスタードソースとカリフラワーの冷たいスープ。

25 rue Jussieu 75005
電話：01 43 54 93 02
メトロ：Jussieu ⑦⑩
営業日：月-土 12:00-14:00/19:30-22:00、日 12:00-14:00（ブランチのみ）
定休日：8月
予算：昼2品 25€、3品 28€、夜3品 39.90€
カード：VISA, Master, AMEX, JCB
http://www.lebuissonardent.fr

Quartier Latin

いろいろなスタイルの家具が調和するドヌーヴのセンスに脱帽！

あのドヌーヴ様デザインのくつろぎ空間でお茶を
Le Salon
ル・サロン

1907年開館、パリで最も古い映画館のひとつである Cinéma du Panthéon（シネマ デュ パンテオン）内にあるサロン・ド・テ。映画鑑賞をしなくてももちろん利用可能で、館内の窓口の前を通り過ぎて2階に上がりましょう。奥の大きな窓から柔らかな日差しが入る広々とした空間は、「サロン＝居間」というその名のとおり、まるで誰かの家に招かれているようにゆったりとくつろげます。デザインを手がけたのはオーナーの友人だという女優カトリーヌ・ドヌーヴ！ そんなわけで業界人も多く利用するというこのお店ですが、決しておしゃれすぎて緊張するような雰囲気ではないのがうれしいところ。すべて自家製のおいしいケーキとお茶でティータイムを楽しみましょう。ランチには日替わりメニューあり。

カラフルなテーブルとチェアが並ぶテラス席は、パリ中心にあって贅沢な空間。

13 rue Victor Cousin 75005
電話：01 56 24 88 80
RER：B線 Luxembourg
メトロ：Cluny La Sorbonne ⑩
営業日：月-金 12:00-15:00（ランチ）/ 15:00-19:00（サロン・ド・テ）
定休日：土、日　カード：VISA, Master

1950年代の学校を思わせるカラフルでノスタルジックな雰囲気。

地方の名産菓子を味わいながら巡るフランス
Le Bonbon au Palais
ル・ボンボン・オ・パレ

ちょっとレトロな教室風の店内に並べられた色とりどりのお菓子に、子供も大人も思わずにっこりしてしまうお店。オーナーのジョルジュさんは、長い歴史を誇り、今も伝統製法を守って作られているフランス各地の名産菓子に惚れ込んでこのお店をオープンしました。店の真ん中にずらりと並ぶガラスのつぼに入っているのは地方名産のボンボン（キャンディやチョコレート菓子）たち。1825年生まれのキャンディForestines de Bourges、1902年生まれのキャラメルNégus de Nevers、リヨン名物Coussin de Lyonなど、どれも100g7.5€で1個から買えるので、いろんな味を試してみることができます。

大量生産の安いキャンディの登場で衰退しつつある伝統的なお菓子を応援するお店。

19 rue Monge 75005
電話：01 78 56 15 72
メトロ：Cardinal Lemoine ⑩
営業日：火-土 11:00-19:30
定休日：日、月、8月上旬2週間
カード：VISA, Master
http://www.bonbonsaupalais.fr

Quartier Latin

パリの大学生御用達の本屋さん
Eyrolles
エロル

サンジェルマン大通り沿いにある、豊富な品揃えに定評のある大きな本屋さん。旅行者におすすめなのは趣味や旅行をテーマにした書籍が並ぶ63番地の店舗。パリの街歩きに必携のポケットサイズの地図はもちろん、ガイドブック、写真集、料理・手芸関連本など、言葉がわからなくても眺めているだけで楽しめる本がたくさん見つかります。おみやげ選びにも使えます。

55, 57, 61, 63 boulevard Saint Germain 75005
電話：01 44 41 11 74
メトロ：Maubert Mutualité ⑩、Cluny La Sorbonne ⑩
営業日：月-金 9:30-19:30、土 9:30-20:00　定休日：日
カード：VISA, Master, AMEX
http://www.eyrolles.com

ずらりと並ぶ本の表紙は、美しい写真や個性的なビジュアル。言葉が分からなくても、記念に買って帰りたい。

親切なスタッフと充実した設備で大満足！
Hôtel Design Sorbonne
ホテル・デザイン・ソルボンヌ　★★★

2009年に全館改装した清潔で機能的なこのホテルは、ソルボンヌ裏手の静かな通りに面しています。どの家具も特注というこだわりのデザイン、エアコン、無料WiFi、各室にインターネットの使えるパソコン完備など充実の設備で、部屋が狭めという弱点には目をつぶれそう。デラックスルームはバスタブ付き。公式サイトでお得な割引料金を見つけて。

6 rue Victor Cousin 75005
電話：01 43 54 58 08
メトロ：Cluny La Sorbonne ⑩
料金：クラシック 100〜240€、スーペリア 120〜280€、デラックス 140〜320€　カード：VISA, Master, AMEX, JCB
http://www.hotelsorbonne.com

充実したアメニティ。歯ブラシとひげ剃りセットはフロントに依頼すれば無料でもらえる。

ちょっと寄り道

Jardin des Plantes
植物園

Muséum national d'Histoire Naturelle Grande Galerie de l'Evolution
国立自然史博物館 進化大陳列館

---

36 rue Geoffory Saint Hilaire 75005
電話：01 40 79 54 79
メトロ：Cencier Daubenton ⑦、Jussieu ⑦⑩
営業日：月・水-日 10:00-18:00　定休日：火、5月1日
料金：通常7€、割引5€　http://www.mnhn.fr

Grandes Serres 大温室
開館日：月・水-日10:00-17:00　閉館日：火、5月1日
料金：通常5€、割引3€

パリジャンたちの憩いの場として知られる植物園は、濃い緑や動物たちが心を癒してくれるパリのオアシス。独特な静けさが漂い、にぎやかな街から遠く離れた印象をおぼえます。カルチエ・ラタンからセーヌ河岸まで広がる園内は誰でも自由に入場でき、バラ園や高山植物、自然の迷路など興味深いコーナーを無料で楽しめます。リニューアルオープンしたばかりの大温室（有料）は、見事な建物と共に熱帯植物を観賞できます。そして、植物園を訪れたらぜひ足を運んでほしいのが国立自然史博物館。鉄とガラスの圧倒的な美しさを誇る建物はエッフェル塔と同い年。オリジナリティ豊かな陳列方法で7000種もの動植物が展示されています。なかでもゾウを先頭に並ぶ剝製たちの大行進は圧巻。子供はもちろん、大人も楽しめる博物館です。

\ まだある！/
Quartier Latin のおすすめ

A Les Papilles
レ・パピーユ

パリのネオ・ビストロの代表格
ビストロらしい豪快さと繊細な味わいが共存した料理で評判のお店。毎日替わる黒板メニューは新鮮な食材を使っている証し。ワインや食前酒、食後酒が買えるエピスリーでもあり、ワインのセレクトにも自信あり。

住所：30 rue Gay Lussac　電話：01 43 25 20 79
営：火-土12:00-14:00/19:00-22:30　休：日月

A Asia-Tée
アジア亭

カルチエ・ラタンのおいしい和食店
パンテオンからすぐの坂道にある、この界隈では珍しい貴重なお和食店。刺身や寿司、天ぷらのほか、フランスの食材を使った創作料理もあり、どれも繊細で美味。昼3品17～23€、夜3品37～43€。

住所：47 rue de la Montagne Sainte. Geneviève
電話：01 43 26 39 90
営：火-土12:00-14:30/19:00-23:00　休：日月

A L'Arbre à Cannelle
ラルブル・ア・カネル

植物園で歩き疲れたら、ここでひと休み
いかにもパリらしいほっとできる雰囲気のサロン・ド・テ。リンゴや洋梨＆チョコなど、果物たっぷりの素朴な手作りタルトをマリアージュ フレールの紅茶と一緒に。塩味タルトや食事サラダもあり、ランチにも便利。

住所：14 rue Linne　電話：01 43 31 68 31
営：毎日12:00-18:00　無休

A tout noté
トゥ・ノテ

手作りの良さを実感できる上質ノート
フランスで数少ないノート職人ロランスさんが、奥の工房で手作りしている「tout noté」のノートは、その書き心地の良さが根強い人気の理由。ポストカードやモビールなど、おみやげ探しにも。

住所：35 rue Jussieu
電話：01 43 25 28 24
営：月-土10:30-19:30、日15:00-19:00　無休

A Le Bar à Huîtres
ル・バー・ア・ユイットル

パリで生牡蠣を食べるならこのお店
フランス中の新鮮な魚介が集まるパリだからこそ、一度は味わってほしいのが海の幸の盛り合わせ。特に種類豊富な生牡蠣の味は格別で、フランスでしか味わえないおいしさ！日本語メニューもあり、旅行者にも親切なお店。

住所：33 rue Saint Jacques　電話：01 44 07 27 37
営：毎日12:00-深夜1:00 ノンストップ　無休

A Han Lim
ハンリン（韓林）

ここの唐揚げはパリ名物！
植物園やムフタール通りに来たら、立ち寄ってほしい韓国レストラン。このお店を訪れた人たちをとりこにさせる唐揚げは、もはやパリ名物と呼びたいほどの人気ぶり。野菜と海鮮の炒め物、ビビンバなどもおいしい。

住所：6 rue Blainville　電話：01 43 54 62 74
営：火-日12:00-14:30/19:00-22:00（火は夜のみ）　休：月

A Pâtisserie Ciel
パティスリー・シエル

パリ初のシフォンケーキ専門店
日本人パティシエが作り出す、ふわっと軽いシフォンケーキと濃厚なクリームの組み合わせが絶妙な「エンジェルケーキ」は見た目の可愛さも相まって瞬く間にパリで大人気に。定番の抹茶や柚子のほか定期的に新作も登場する。

住所：3 rue Monge　電話：01 43 29 40 78
営：日-木10:30-20:00 金土10:30-22:00　無休

A Carl Marletti
カール・マルレッティ

宝石のような美しさをたたえるパティスリー
サンシエ・ドーバントン駅近くにある超おすすめのパティスリー。「カフェ・ド・ラ・ペ」でシェフ・パティシエを務めていたカールさんが作る定番ケーキは、味や食感に新鮮味を感じさせます。ミルフイユが代表作。

住所：51 rue Censier　電話：01 43 31 68 12
営：火-土10:00-20:00、日10:00-13:30
休：月、8月3週間

エッフェル塔が見守るシックなカルチエ

Invalides
Tour Eiffel

アンヴァリッド / エッフェル塔

傷病兵のための病院だったアンヴァリッド、軍事訓練に利用されていたシャン・ド・マルス、エコール・ミリテール（陸軍士官学校）……フランスの歴史のなかで軍隊と戦争に深く関わってきたこの地区も、今では閑静な高級住宅街。どこからでもエッフェル塔の姿が拝めるのは、このあたりに住むパリジャンたちの特権です。

{ 主な観光スポット }

エッフェル塔
シャン・ド・マルス
アンヴァリッド（ナポレオンの墓）
ケ・ブランリー美術館

エリア A

Pont de l'Alma RER ⓒ
ポンドゥ・ラルマ駅

Pl. de la Résistance
レジスタンス広場

Musée du Quai Branly
ケ・ブランリー美術館

Au Bon Acceuil
オー・ボン・アキュイユ
(フレンチ)

Tour Eiffel
エッフェル塔

La Poste
エッフェル塔の郵便局
この郵便局から出すと、エッフェル塔の消印を押してくれる。

La Fontaine de Mars
ラ・フォンテーヌ・ドゥ・マルス
(フレンチ)

P132 **Le Violon d'Ingres**
ル・ヴィオロン・ダングル
(フレンチ)

Les Cocottes
レ・ココット
(フレンチ)

Café Constant
カフェ・コンスタン
(フレンチ)

ジェネラル・グロー広場
Pl. Général Gouraud

Champ de Mars
シャン・ド・マルス
エッフェル塔を眺めるならここから。

ジャック・リュエフ広場
Pl. Jacques Rueff

1:6,000　100m

徒歩約14分

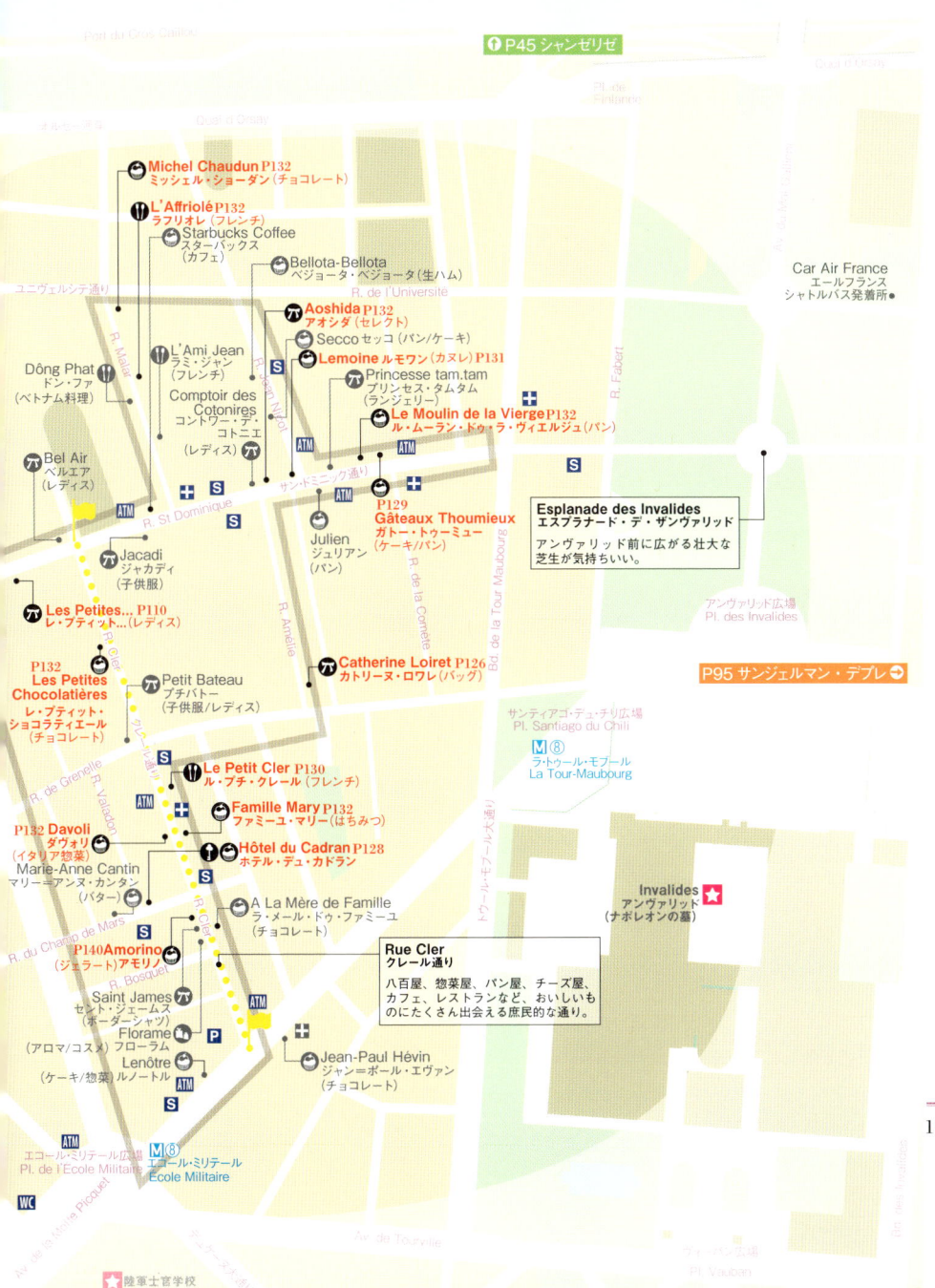

Invalides / Tour Eiffel

P45 シャンゼリゼ

Michel Chaudun P132
ミッシェル・ショーダン (チョコレート)

L'Affriolé P132
ラフリオレ (フレンチ)

Starbucks Coffee
スターバックス (カフェ)

Bellota-Bellota
ベジョータ・ベジョータ (生ハム)

Aoshida P132
アオシダ (セレクト)

Secco セッコ (パン/ケーキ)

Lemoine ルモワン (カヌレ) P131

Princesse tam.tam
プリンセス・タムタム (ランジェリー)

Le Moulin de la Vierge P132
ル・ムーラン・ドゥ・ラ・ヴィエルジュ (パン)

Dông Phat
ドン・ファ (ベトナム料理)

L'Ami Jean
ラミ・ジャン (フレンチ)

Comptoir des Cotonniers
コントワー・デ・コトニエ (レディス)

Bel Air
ベルエア (レディス)

Esplanade des Invalides
エスプラナード・デ・ザンヴァリッド
アンヴァリッド前に広がる壮大な芝生が気持ちいい。

R. St Dominique
サン=ドミニック通り

P129
Gâteaux Thoumieux
ガトー・トゥーミュー (ケーキ/パン)

Julien
ジュリアン (パン)

Jacadi
ジャカディ (子供服)

Les Petites... P110
レ・プティット... (レディス)

アンヴァリッド広場
Pl. des Invalides

P132
Les Petites Chocolatières
レ・プティット・ショコラティエール (チョコレート)

Petit Bateau
プチバトー (子供服/レディス)

Catherine Loiret P126
カトリーヌ・ロワレ (バッグ)

P95 サンジェルマン・デプレ

サンティアゴ・デュ・チリ広場
PL. Santiago du Chili

M⑧ ラ・トゥール・モブール
La Tour-Maubourg

Le Petit Cler P130
ル・プチ・クレール (フレンチ)

Famille Mary P132
ファミーユ・マリー (はちみつ)

P132 **Davoli**
ダヴォリ (イタリア惣菜)

Marie-Anne Cantin
マリー=アンヌ・カンタン (バター)

Hôtel du Cadran P128
ホテル・デュ・カドラン

Invalides
アンヴァリッド (ナポレオンの墓)

A La Mère de Famille
ラ・メール・ドゥ・ファミーユ (チョコレート)

P140 **Amorino**
アモリノ (ジェラート)

Rue Cler
クレール通り
八百屋、惣菜屋、パン屋、チーズ屋、カフェ、レストランなど、おいしいものにたくさん出会える庶民的な通り。

Saint James
セント・ジェームス (ボーダーシャツ)

Florame
フロラーム (アロマ/コスメ)

Lenôtre
ルノートル (ケーキ/惣菜)

Jean-Paul Hévin
ジャン=ポール・エヴァン (チョコレート)

Pl. de l'Ecole Militaire
エコール・ミリテール広場

M⑧ エコール・ミリテール
Ecole Militaire

陸軍士官学校

125

Invalides / Tour Eiffel

舌の肥えたパリジャンをもうならせるグルメゾーン

パリ左岸で1、2を争うグルメゾーンといえばここ。その中心が、アンヴァリッドとシャン・ド・マルスを東西に結ぶサン・ドミニック通りと、これに南北に交わるクレール通りです。パン屋、ケーキ屋、チョコレート屋、チーズ屋、ワイン屋、惣菜屋、肉屋、魚屋、八百屋、そしてレストラン、カフェ……おみやげ探しはもちろん、パリジャンたちの普段着の生活を垣間見ることができます。

女性クリエイターが創るメイド・イン・フランスのバッグ
Catherine Loiret
カトリーヌ・ロワレ

上質な革を使い、機能性と遊び心を融合した「カトリーヌ・ロワレ」のバッグは、フランスの職人の手で作られる正真正銘のMade in France。肩紐の長さを調節したり、ストラップを外したり、形を変えたりと、ひとつとして同じ表情を持たない柔軟性に富んだバッグが揃います。Freestyle(フリースタイル)は留め具の位置を自在に変えて、男の子にもぴったりのビッグサイズのトートにしたり、縮めてショルダーにしたりして楽しめる優れもの。雑誌を挟むスペースや底の隠しポケットは、働く女性としてバッグと向き合うカトリーヌさんの実用性を追求したアイデア。ショルダーにも手さげにも変身する円筒形のBooling(ブーリング)、一枚革を贅沢に使ったインパクト大のPO(ポー)は、パリジェンヌに人気のアイテムです。

TPOに合わせていろんなスタイルに変えられる「ブーリング」と「フリースタイル」。

23 rue Amélie 75007
電話 : 06 07 21 61 15
メトロ : La Tour-Maubourg ⑧
営業日 : 火-土 11:00-19:00
定休日 : 日、月、8月上旬2週間
カード : VISA, Master
http://www.catherineloiret.com

Invalides / Tour Eiffel

A

女性ならではのアイデアが詰まったバッグがずらりと並ぶ。

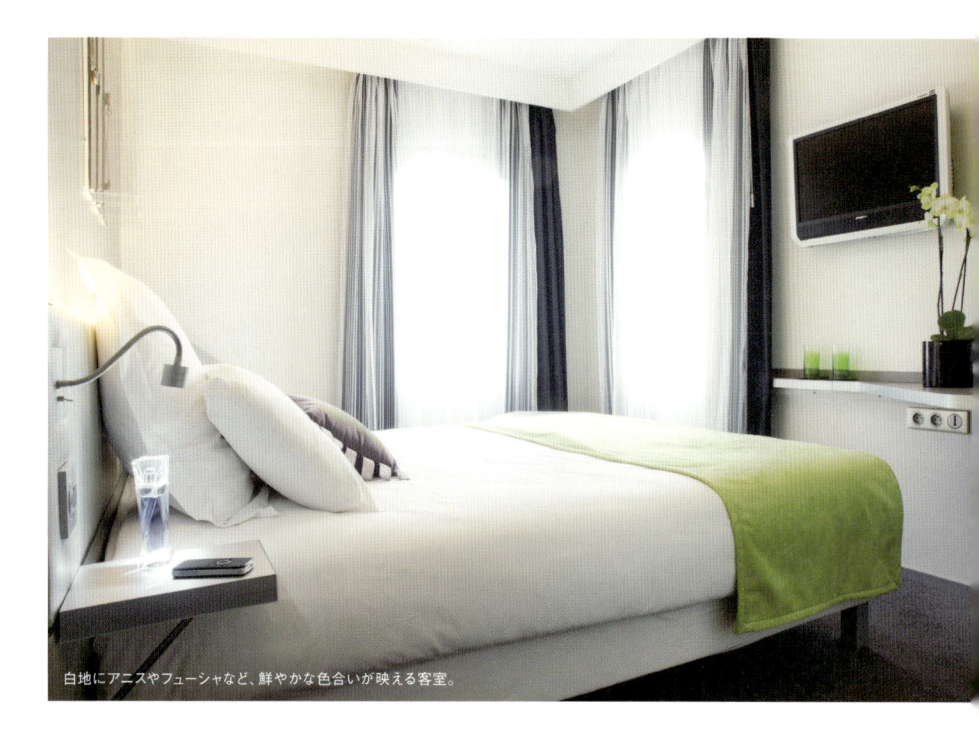

白地にアニスやフューシャなど、鮮やかな色合いが映える客室。

シックな空間でマカロンを楽しめるコンテンポラリーホテル
Hôtel du Cadran
ホテル・デュ・カドラン ★★★

グルメな店が並びパリの庶民的な空気が流れるクレール通りから一本入った、シャン・ド・マルス通りにある「ホテル・デュ・カドラン」は、2009年に全館をリニューアルした3ツ星ホテル。ガラス張りのエントランスを入ると、ぐっと落ち着いたシックな雰囲気に包まれます。白を基調にしたシンプルな客室は、ときにピンクのようなビビッドな色づかいとデザイン・ファニチャーで飾られ、洗練されたコンテンポラリーな空間を満喫できます。エアコン、無料WiFi、ミニバーなど設備も充実していて、スタッフはとても親切。フロントの横にマカロンとチョコレートの店「クリストフ・ルッセル」が併設されているのも、ほかにはないこのホテルの魅力。カラフルなマカロンでほっとひと息つきましょう。

ジンジャーとキャラメル、チョコとフォアグラなど、個性的なマカロンをぜひ味わって。

10 rue du Champ de Mars 75007
電話：01 40 62 67 00
メトロ：Ecole Militaire ⑧
料金：スタンダード 136～250€、
スーペリア 159～280€
カード：VISA, Master, AMEX
http://www.cadranhotel.com

Invalides / Tour Eiffel

高貴な雰囲気の淡いグリーンとホワイトでまとめたエレガントなインテリア。

2ツ星シェフがプロデュースする新パティスリー
Gâteaux Thoumieux
ガトー・トゥーミュー

パリ屈指のグルメ街、サン・ドミニック通りにミシュラン2ツ星のレストランを構えるフランスの有名シェフ、ジャン＝フランソワ・ピエージュが通りをはさんで向かい側に2013年オープンしたパティスリー。シェフ・パティシエを任されたのは「フォション」や「トゥール・ダルジャン」で腕をふるったリュドヴィック・ショサールです。旬のフルーツと上質な食材で、チョコレートタルトやレモンタルト、シュー、エクレア、マカロン、クイニーアマンなど伝統的なパティスリーをモダンに蘇らせています。このお店でぜひ試したいのは、店のある通りの名前の付いた「サン・ドミニック」。ブリオッシュ生地に砂糖とバター、そして少し酸味のあるクリームをたっぷりとのせて焼いたシンプルなおいしさが人気です。

右がこのお店のスペシャリテ「サン・ドミニック」。ぜひ一度味わいたい。

58 rue Saint Dominique 75007
電話：01 45 51 12 12
メトロ：La Tour-Maubourg ⑧
営業日：月、水-土 10:00-20:00、日 8:30-17:00
定休日：火
カード：VISA, Master

太陽が顔を出す日は、こぞってテラスに腰かけるパリジャンたち。

ガラス張りの壁とランプが、これぞパリのビストロ！という雰囲気を演出。

定番ビストロメニューがどれもおいしい小さなお店

Le Petit Cler
ル・プチ・クレール

オバマ米大統領が食事をしたことでさらに知名度を上げたレストラン「ラ・フォンテーヌ・ドゥ・マルス」が、姉妹店として2008年にオープンした小さなビストロ「ル・プチ・クレール」。歩道にせり出したテラス席にある籐のビストロチェア、タイル張りの床やアールデコのランプが、古き良き時代のパリを彷彿とさせます。ここで味わえるビストロ料理は、本店お墨つきのおいしさ。生ハムやフォアグラに「ポワラーヌ」の田舎パンを添えた一品をはじめ、オムレツやサラダ、12€の日替わりメニューは鴨のパルマンティエやレンズ豆と豚肉の煮込み、仔牛のシチュー、ポトフなど、フランスの家庭料理が揃います。卵料理やスープなら10€以下で食べられる、お財布にやさしい値段も大きな魅力！

おいしいクレーム・ブリュレとタルト・タタンは、パリに来たらぜひ味わいたい定番デザート。

29 rue Cler 75007
電話：01 45 50 17 50
メトロ：Ecole Militaire ⑧
営業日：月–日　7:30-23:00（ノンストップ）
定休日：12月24日、25日、31日、1月1日、8月中旬2週間
予算：日替わり 12€、スープ 7€、サラダ 11€〜、デザート 6.5€
カード：VISA, Master
http://www.fontainedemars.com/en/le-petit-cler-7.html

Invalides / Tour Eiffel

やさしい笑顔で丁寧に説明してくれるスタッフのめぐみさん。

ひとくちサイズのベベ・カヌレは、よりカリッとした歯ざわりが美味。

サン・ドミニック通りを歩いたら必ず立ち寄る名店

Lemoine
ルモワン

すっかりおなじみになったボルドー地方の名産カヌレ。卵と牛乳、砂糖、小麦粉という超シンプルな材料で作られるからこそ、食べ比べてみるとお店によって味の違いが大きく出る、実は奥の深ーいお菓子なのです。パリで、いやフランスで？　一番おいしいカヌレといえばなんといっても「ルモワン」。18世紀創業の老舗に代々受け継がれてきた秘伝のレシピ、そして毎朝スタッフがオーブンで丁寧に焼き上げるフレッシュさ……。外側はカリッと香ばしく、内側はしっとりと、一口食べただけで思わず笑みがこぼれます。ここのカヌレを食べずしてカヌレは語れません！　さらに最近登場したマカロンやカヌレの形をした塩バターキャラメルチョコも新しい人気商品。甘さ控えめで日本人の口にも合います。

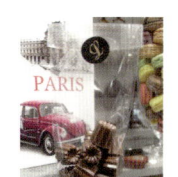

隠れた人気者、カヌレ形の塩バターキャラメルチョコは1袋8€。カヌレ以外にもおいしいお菓子が。

74 rue Saint Dominique 75007
電話：01 45 51 38 14
メトロ：La Tour-Maubourg ⑧
営業日：月-日　8:30-20:00
(11:00-11:40の間は配達のため閉めている場合あり)　定休日：無休
カード：VISA, AMEX
http://www.lemoine-canale.com

131

\まだある!/
Invalides / Tour Eiffelのおすすめ

A 🧁 Davoli
ダヴォリ

天井にぶら下がった生ハムが目印

イタリア移民が1913年に創業した歴史ある惣菜店。ラザニアやリゾット、ティラミスはもちろん、仔牛のクリーム煮やラタトゥイユなどフレンチ惣菜も豊富。テイクアウトしてホテルで食べるのが幸せ。

住所:34 rue Cler 電話:01 45 51 23 41
営:火木金8:30-13:00/15:15-19:30、水8:30-12:30
土8:30-19:30、日8:30-13:00 休:月

A 🍴 Le Violon d'Ingres
ル・ヴィオロン・ダングル

気軽にしっかりフレンチを食べたいときに

ミシュラン2ツ星を返上して、よりカジュアルにおいしいフレンチを食べられるようになった名シェフ、クリスチャン・コンスタンの店。伝統的なフランス料理をベースにオリジナリティをプラスした満足度の高いフレンチ。

住所:135 rue Saint Dominique 電話:01 45 55 15 05
営:毎日12:00-14:30/19:00-22:30 無休

A 🧁 Michel Chaudun
ミッシェル・ショーダン

手作りにこだわり続けるショコラティエ

日本に造詣が深く、日本に3店舗を持つショコラティエ、「ミッシェル・ショーダン」の本店。30種類あるボンボンショコラはもちろんのこと、パリの石畳をかたどった生チョコPavéはお口にとろけるおいしさ。

住所:149 rue de l'Université
電話:01 47 53 74 40 営:月-土9:30-19:30 休:日

A 🍴 L'Affriolé
ラフリオレ

店名どおり「食欲をそそられる」店

数年前に店内を改装して、典型的なビストロから、よりモダンなお店に生まれ変わった「ラフリオレ」。伝統的なビストロ料理をモダンで軽やかにアレンジしたここの料理とまさにぴったりです。

住所:17 rue Malar
電話:01 44 18 31 33
営:火-土12:00-14:30/19:30-22:30 休:日月

A 🧁 Famille Mary
ファミーユ・マリー

90年の歴史を誇るはちみつ屋さん

フランス各地に数店舗を構える1921年創業のはちみつ専門店。さまざまな木花やオーガニックのハチミツなど驚くほどたくさんの種類が並びます。フランス産ならではの自然で濃厚な味わいをぜひ。スキンケア商品もおすすめ。

住所:35 rue Cler 電話:01 47 53 68 58
営:月12:30-18:30、火-土10:00-19:30、日10:00-13:30 無休

A 👚 Aoshida
アオシダ

大人かわいい絶妙なセレクト

グルメなお店が並ぶこの通りでは、ちょっと異色の存在。Sessùn(P60)、See by Chloé、Orla Kiely、Le Mont Saint Michel、Eros、Bruuns Bazaar、Avril Gauなど、いま旬のブランドが勢揃い。

住所:76 rue Saint Dominique
電話:01 45 51 68 14
営:火-土11:00-19:00 休:日月

A 🧁 Le Moulin de la Vierge
ル・ムーラン・ドゥ・ラ・ヴィエルジュ

古き良き時代を偲ばせる店構えのパン屋

BIOの小麦粉を使って焼き上げられたパンがどれもおいしいと評判の店。パリにある4店舗の中でもこの7区の店が旅行者にとってアクセスしやすい場所。黒とゴールドの入り口、上品な調度品で飾られた店内も魅力的です。クラシックなケーキもぜひ。

住所:64 rue Saint Dominique 電話:01 45 51 23 41
営:月・水-日7:30-20:30 休:火

A 🧁 Les Petites Chocolatières
レ・プティット・ショコラティエール

父の意志を受け継いだショコラトリー

お父さんのショコラティエ「La Petite Chocolatière」を継ぎ、娘のジュリーさんが親友ジュリアさんと一緒に新しくオープンしたお店。2人の女性が切り盛りしているので店名を複数形に変えました。青い小箱のチョコはおみやげに。

住所:20 rue Cler 電話:01 47 05 59 30
営:月-土10:30-13:45/15:15-19:30(月は午後のみ) 休:日

ゆっくりと時が流れる気品漂うセーヌの小島

Ile Saint Louis

サン・ルイ島

セーヌ川に浮かぶこの小さな島は、その昔、パリがまだリュテシアと呼ばれていた頃から存在した、パリ発祥の地のひとつ。月日は流れ、今では政治家や大スター、由緒正しい貴族など、ほんのひとにぎりの選ばれた人だけが住むことのできる最高級住宅地として知られ、その閑静な佇まいはパリジャンの憧れです。

{ 主な観光スポット }

セーヌ河岸

ベルティヨン

ランベール館

サン・ルイ・アン・リル教会

パリ市庁舎

Pl. St Gervais

R. de Lobau

R. Ft. Miron

シテ
Cité
M④

サン・ジェルヴェ・
サン・プロテ教会

Seine
セーヌ川

R. de la Cité

R. d'Arcole

Quai aux Fleurs

La Ferme Saint-Aubin
(チーズ)ラ・フェルム・サン・トバン

Quai de Bourbon
ブルボン河岸
シテ島とサン・ルイ島に挟まれたブルボン河岸はひときわ静かで、散歩におすすめ。

P140 78isl
ソワサンディジュイット・イ・エス・エル
(セレクト)

P140 **LAFITTE**
(フォアグラ)ラフィット

Pl. du Parvis Notre Dame

ノートルダム大聖堂

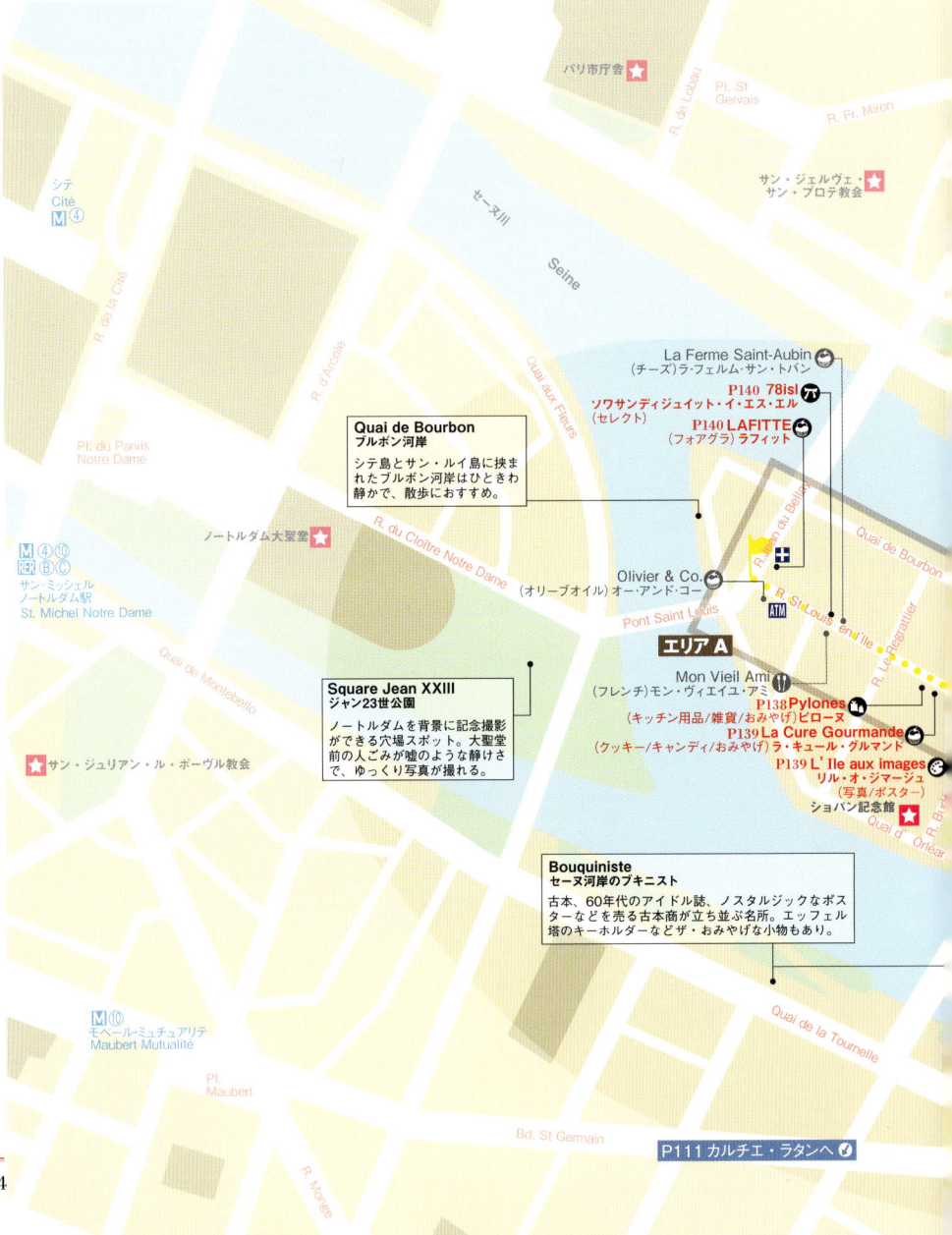

R. du Cloître Notre Dame

R. Jean du Bellay

Quai de Bourbon

M④⑩
RER BC
サン・ミッシェル
ノートルダム駅
St. Michel Notre Dame

Olivier & Co.
(オリーブオイル)オー・アンド・コー

Pont Saint Louis

R. St Louis en l'Ile

ATM

Quai de Montebello

エリア A

Mon Vieil Ami
(フレンチ)モン・ヴィエイユ・アミ

Square Jean XXIII
ジャン23世公園
ノートルダムを背景に記念撮影ができる穴場スポット。大聖堂前の人ごみが嘘のような静けさで、ゆっくり写真が撮れる。

P138 **Pylones**
(キッチン用品/雑貨/おみやげ)ピローヌ

P139 **La Cure Gourmande**
(クッキー/キャンディ/おみやげ)ラ・キュール・グルマンド

P139 **L' Ile aux images**
リル・オ・ジマージュ
(写真/ポスター)

R. Le Regattier

サン・ジュリアン・ル・ポーヴル教会

ショパン記念館

Quai d'Orléans

Bouquiniste
セーヌ河岸のブキニスト
古本、60年代のアイドル誌、ノスタルジックなポスターなどを売る古本商が立ち並ぶ名所。エッフェル塔のキーホルダーなどザ・おみやげな小物もあり。

M⑩
モベール・ミュチュアリテ
Maubert Mutualité

Quai de la Tournelle

Pl. Maubert

R. Monge

Bd. St Germain

P111 カルチエ・ラタンへ

R. des Écoles

134

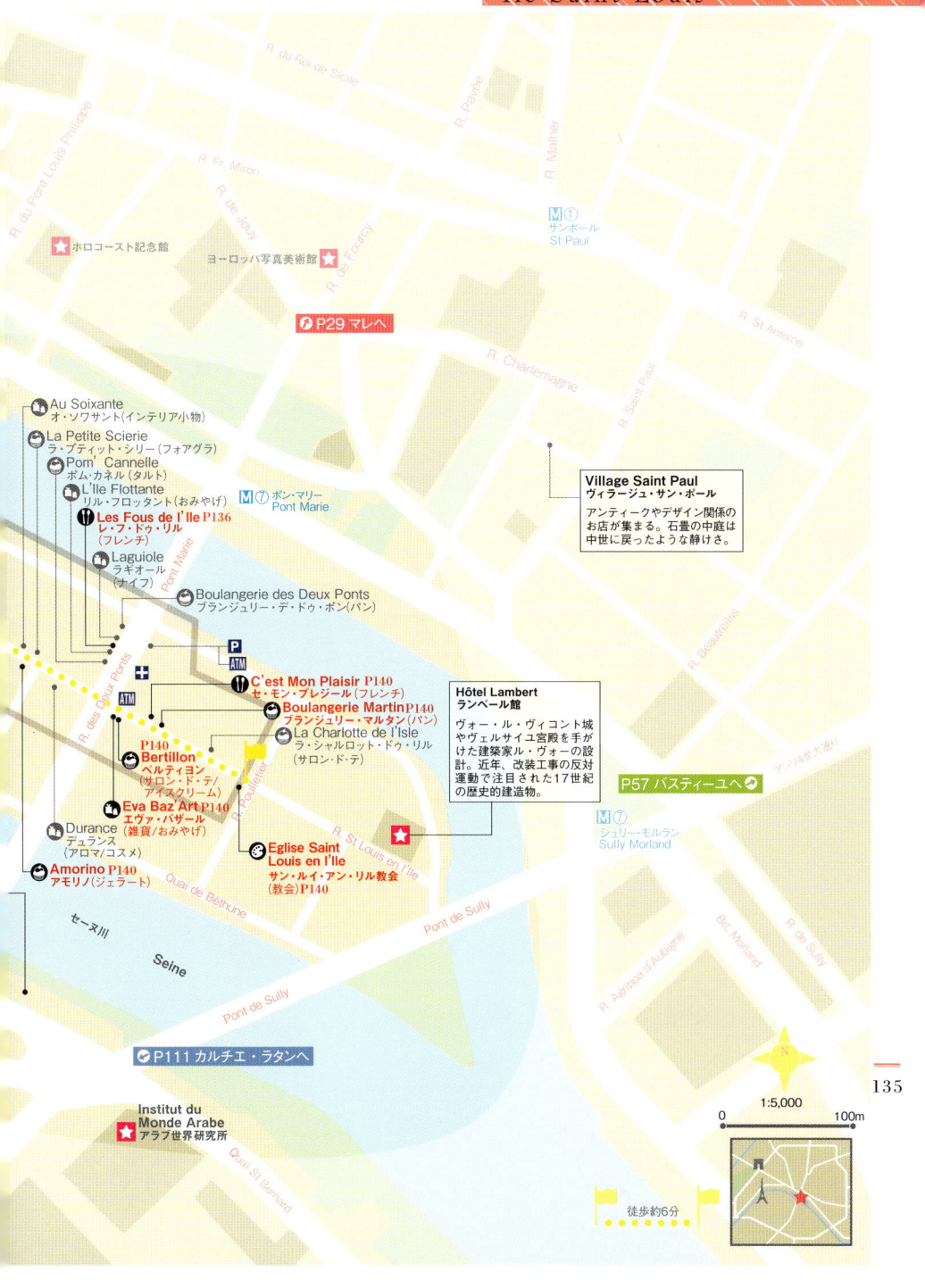

Ile Saint Louis

R. du Roi de Sicile
R. Pavée
R. Malher
R. du Pont Louis Philippe
R. Fr. Miron
R. de Jouy
R. Fourcy

M① サン・ポール
St Paul

★ ホロコースト記念館
★ ヨーロッパ写真美術館

◉ P29 マレへ

R. Charlemagne
R. St Antoine
R. Saint Paul

Village Saint Paul
ヴィラージュ・サン・ポール
アンティークやデザイン関係のお店が集まる。石畳の中庭は中世に戻ったような静けさ。

- Au Soixante
  オ・ソワサント（インテリア小物）
- La Petite Scierie
  ラ・プティット・シリー（フォアグラ）
- Pom' Cannelle
  ポム・カネル（タルト）
- L'Ile Flottante
  リル・フロッタント（おみやげ）

M⑦ ポン・マリー
Pont Marie

- **Les Fous de l'Ile** P136
  レ・フ・ドゥ・リル（フレンチ）
- Laguiole
  ラギオール（ナイフ）
- Boulangerie des Deux Ponts
  ブランジュリー・デ・ドゥ・ポン（パン）

Pont Marie
R. des Deux Ponts

P / ATM

Hôtel Lambert
ランベール館
ヴォー・ル・ヴィコント城やヴェルサイユ宮殿を手がけた建築家ル・ヴォーの設計。近年、改装工事の反対運動で注目された17世紀の歴史的建造物。

- **C'est Mon Plaisir** P140
  セ・モン・プレジール（フレンチ）
- **Boulangerie Martin** P140
  ブランジュリー・マルタン（パン）
- La Charlotte de l'Isle
  ラ・シャルロット・ドゥ・リル（サロン・ド・テ）
- P140 **Bertillon**
  ベルティヨン（サロン・ド・テ／アイスクリーム）
- **Eva Baz Art** P140
  エヴァ・バザール（雑貨／おみやげ）
- Durance
  デュランス（アロマ／コスメ）
- **Amorino** P140
  アモリノ（ジェラート）
- **Eglise Saint Louis en l'Ile**
  サン・ルイ・アン・リル教会（教会）P140

R. Boutelier
R. St Louis en l'Ile
R. Beaudrelis

◉ P57 バスティーユへ ◉

M⑦ シュリー・モルラン
Sully Morland

Quai de Béthune
セーヌ川
Seine
Pont de Sully
Quai St Bernard

★ Institut du Monde Arabe
アラブ世界研究所

◉ P111 カルチエ・ラタンヘ

Bd. Morland
R. Agrippa d'Aubigné
R. de Sully

135

1:5,000　0　100m

徒歩約6分

A　Ile Saint Louis

マレ地区とセットで日曜を楽しもう

サン・ルイ島は、パリの中でもメトロの通っていない唯一の場所。セーヌ川に囲まれ、静寂が漂うこの島は散策にぴったりです。すべての見どころが2つの通りに集まっているから、あっという間に見てまわれるのも魅力。お隣のシテ島で観光を終えたら、こちらまで足を延ばしてランチやお茶を楽しみましょう。日曜オープンの店がほとんどなので、マレ地区（P29～）と組み合わせるのもおすすめ。

サン・ルイ島で人気のカジュアルなビストロ
Les Fous de l'Ile
レ・フ・ドゥ・リル

サン・ルイ島で気軽においしく食べられるビストロがこちら。大きなカウンターバーとタイル張りの床と壁、フランスのシンボルであるニワトリのオブジェが店のいたるところに飾られ、この上なくパリらしい雰囲気が漂っています。地元の常連さんが多く、この界隈のシックなイメージと打って変わって、気軽な街角のビストロという印象。この店で味わえる料理は、タルタルステーキ＆フライドポテトやポーチドエッグといった定番中の定番メニュー。とはいえ、味つけも盛りつけもちょっと洗練されていて、胃に重たい昔ながらのビストロ料理とは一線を画します。サン・ルイ島の観光中はもちろん、ノートルダム大聖堂やコンシェルジュリー、マレ地区からも歩いてアクセスできるので、ぜひ立ち寄ってみて。

トマトに山羊のチーズ入りフィリングを詰めたファルシ。ボリュームたっぷり。

33 rue des Deux Ponts 75004
電話：01 43 25 76 67
メトロ：Pont Marie ⑦
営業日：月-土 12:00-23:00、
日 12:00-16:00（ブランチのみ）　定休日：無休
予算：昼1品 15€、2品 17€、3品 23€、
夜1品 17€、2品 21€、3品 26€、ブランチ 23€
カード：VISA, Master
http://www.lesfousdelile.com

Ile Saint Louis　Ⓐ

とにかくニワトリだらけの店内。奥はガラス張りの天井で、明るい光が差し込む。

豚フィレとイチジクのソテー、タイム風味のはちみつソースにマッシュポテトを添えて。

今も次々と新しいクリエイションが誕生している。　　　男性も女性も子供も、みんなに喜ばれるものが見つかる。

毎日の生活をカラフルに彩る雑貨
Pylones 🛍
ピローヌ

どちらかというとシンプルでシックな雑貨が主流だったパリに、1985年、突如として現れた「ピローヌ」。そのユーモアたっぷりの斬新なデザインは、今も色あせず、世界中のファンに愛されています。1号店であるこのサン・ルイ島のお店がオープンしたときには、保守的な考えの人が多かった島民たちから白い目で見られていたというエピソードもあるほど、良い意味でフランスらしくないカラフルでほがらかなその世界は、30年の時を経て、すっかり島の風景になじみました。アクセサリーからキッチン&バスグッズ、文房具、インテリア小物など商品の種類も豊富で、おもちゃ箱のなかに入り込んでしまったようにワクワクする空間。日々の生活をちょっと楽しくしてくれるアイデアが詰まっています。

隣同士に2店舗並び、右がホーム&キッチン、左がアクセサリー&モード。

住所：57 rue Saint Louis en l'Île 75004
電話：01 46 34 05 02
メトロ：Pont Marie ⑦
営業日：毎日 10:30-19:30
定休日：無休 (12/25を除く)
カード：VISA, Master, AMEX, JCB
http://www.pylones.com
他店舗：98 rue du Bac 75007 (P96C)
7 rue Tardieu 75018 (P67B)

Ile Saint Louis

A

子供時代の懐かしい味がよみがえる南仏のお菓子屋さん
La Cure Gourmande
ラ・キュール・グルマンド

三つ編みの女の子が目印のこのお店は、1989年に南仏の小さな街で誕生したお菓子屋さん。素朴な味わいが人気を呼び、フランス各地でおなじみのビスキュイトリーになりました。果物やハーブを使ったクッキーは昔ながらの堅い歯ごたえが特徴。好きなものを袋に詰めるスタイルで、いろいろな味が楽しめます。かわいい絵柄の箱入り詰め合わせは、おみやげにもぴったり。

55 rue Saint Louis en l'Ile 75004
電話：01 46 34 57 71　メトロ：Pont Marie ⑦
営業日：10:00-20:00　定休日：無休　カード：VISA, Master
http://www.la-cure-gourmande.com
他店舗：49 avenue de l'Opéra 75002（P13C）
26 Cours Saint Emillion Chai N°40 75012

ずらりと積み上げられたクッキーは、甘いもの好きなら夢に見そうな光景。パッケージのイラストは創業者の子供や孫がモデル。

美術館のように見学したいフォトギャラリー
L'Ile aux Images
リル・オ・ジマージュ

島で最も古い建物にある、パリで最も古い歴史を持つ写真ギャラリー。美術鑑定士の資格を持つオーナーの専門であるロートレックやミュシャのリトグラフのほか、アジェ、マン・レイ、ドワノー、ブレッソンら名だたる写真家たちの作品が並びます。お願いすれば古い映画や広告ポスターが保管されている上階も見学可能。購入は1点100€〜、日本への発送もOKです。

51 rue Saint Louis en l' Ile 75004
電話：01 56 24 15 22　メトロ：Pont Marie ⑦
営業日：月-土 10:30-12:00/14:00-19:00
定休日：日、8月上旬2週間
カード：VISA, Master, Diners, AMEX, JCB
http://www.lileauximages.com

一見、コレクター以外は入りづらいお店に思えるかもしれないけれど、気後れせずにぜひ立ち寄ってみて。思わぬ出会いが待っているかも。

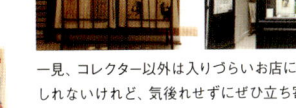

\ まだある！/
Ile Saint Louis のおすすめ

A C'est Mon Plaisir
セ・モン・プレジール

リーズナブルにガストロノミー

むき出しの梁と石壁が美しい17世紀の建物を用いたこの小さなレストランでは旬の食材を活かし、モダンにアレンジした伝統的なフレンチが楽しめます。この立地で平日昼の日替りコースが22€、夜も3品33€というお値段も魅力的。

住所：42 rue Saint Louis en l'Ile　電話：01 43 26 79 27
営：毎日12:00-14:30/18:30-22:30　無休

A Boulangerie Martin
ブランジュリー・マルタン

サン・ルイ島民が毎日通うパン屋さん

バゲットやクロワッサン、ごく普通のパンがしみじみおいしい地元民に愛されるパン屋さん。岸恵子さんもお気に入りだとか。お昼にはトマトやチーズ、なす、ハムをのせたタルティーヌがおすすめ。ぜひお店で温めてもらって。

住所：40 rue Saint Louis en l'Ile　電話：01 43 54 69 48
営：火-土7:30-14:00/15:30-20:00　休：日月

A LAFITTE
ラフィット

創業90年の歴史あるフォアグラ専門店

1920年からフランス南西部ランド地方の名産フォアグラを手がける老舗メゾン。フォアグラはもちろん、鴨や豚のコンフィやカスレ、パテなどの缶詰はおみやげにぴったり。箱入りギフトセットもあり。

住所：8 rue Jean du Bellay
電話：01 43 26 08 63
営：火-土10:00-14:00/15:00-19:00　休：日月

A Amorino
アモリノ

大人気のイタリアン・ジェラート

フランス中に支店を持つこのチェーンの1号店がこのサン・ルイ島店。ヨーグルト、ヌテラ、アマレナなど、好きなだけフレーバーを選べるスタイルと自然な味わいで人気が定着。天使のイラストが目印。

住所：47 rue Saint Louis en l'Ile
電話：01 44 07 48 08
営：毎日12:00-24:00　無休

A Berthillon
ベルティヨン

せっかくだから極上パフェを味わいたい

サン・ルイ島、そしてパリを代表するアイスクリーム屋さん。テイクアウトの長い行列に驚きますが、特に平日のサロン・ド・テは意外と余裕があって穴場。名物アイスクリームと濃厚生クリームを組み合わせたパフェは絶品。

住所：29-31 rue Saint Louis en l'Ile　電話：01 43 54 31 61
営：水-日10:00-20:00　休：月火、7/20-8/31

A 78isl
ソワサンディジュイット・イ・エス・エル

リーズナブルでモードな服とバッグ

おしゃれなセレクトと20～30€台というプチプライスの洋服が揃っているのが魅力のセレクトショップ。豊富なカラーバリエがうれしいバッグはこのショップオリジナル。こちらも質と値段のバランスの良さで人気。

住所：78-79 rue Saint Louis en l'Ile
電話：01 40 46 06 36　営：毎日10:30-19:30　無休

A Eva Baz'Art
エヴァ・バザール

ザ・パリのおみやげ！ が見つかる

ポップなキッチン雑貨や文房具、オブジェが揃うお店。エッフェル塔などパリのモニュメントをモチーフにしたシリーズなど、いかにも「パリのみやげもの」らしいキッチュさが逆に新鮮。覗いてみて損はありません。

住所：33 rue Saint Louis en l'Ile　電話：01 46 33 64 20
営：月-土11:00-20:00、日10:30-20:00　無休

A Eglise Saint Louis en l'Ile
サン・ルイ・アン・リル教会

島の贅沢なひと休みスポット

17～18世紀に建設された、サン・ルイ島唯一の教会。こぢんまりとしたサイズだけど内部は華麗で、美しい宗教画も見逃せない。あわただしい観光の途中、この教会でひと休みしたら心が洗われるよう。

住所：19bis rue Saint Louis en l'Ile　電話：01 46 33 64 20
開：月-土9:30-13:00/14:00-19:30　日祝9:00-13:00/14:00-19:00　無休

老若男女みんなが楽しめる街、パリ

Vous voyagez avec …

誰かと行くなら

誰とパリに来るのかは本当に人さまざま。気ままなひとり旅や気の合う女の子同士の旅なら、観光やショッピング、レストランの予定を決めるのはそれほど難しいことではないでしょう。一方で、年配の親、彼氏や夫、子供など、自分とはちょっと興味の対象が違う相手との旅行では、みんなが満足できるプランを実現するのはなかなか難しいもの。この章では、旅するパートナー別におすすめのアドレスをいくつか紹介しています。自分ひとりなら足を運ばないようなお店で、意外な発見やうれしい出会いが待っているかもしれない……それもまた、旅の醍醐味ですね。

personne âgée
年配の人と

petit ami
彼氏と

enfant
子供と

personne âgée

年配の人と

親と旅するパリ。
世代のギャップを逆手にとって、
伝統的な職人技が光る老舗メゾンや、
古き良き時代を偲ばせるシャンソニエに
挑戦してみるのも悪くないかも。

優雅な日常を演出してくれるフランス伝統の陶器

Gien
ジアン

パリから南に150km、ロワール川沿いの町ジアンで1821年に誕生した、フランスを代表する陶器メーカー。「ジアン・ブルー」と呼ばれる深みのある青はこのメゾンの代名詞です。すべて人の手で絵柄を描くコレクション向けのものから、食洗機OKの普段づかいのものまで、幅広いラインナップも魅力。伝統的な模様の復刻はもちろんのこと、新しいシリーズも続々と登場しており、きっと好みのものが見つかります。同じシリーズでもお皿やカップごとに微妙に絵柄が異なるので、少しずつ買い足してコレクションに。日本への発送や旅行者は免税価格での購入が可能。ジアン陶器の代表的な模様をモチーフにした紙ナプキン（5.70€）もおみやげにぴったりです。

かわいらしい絵柄の子供向け食器も、ひとつひとつ大切にコレクションしたい人気シリーズ。

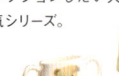

18 rue de l'Arcade 75008（オペラP12A）
電話：01 42 66 52 32
メトロ：Madeleine ⑧⑫⑭
営業日：月 12:00-19:00、火-金 10:30-19:00、土 11:00-18:30、12月は月-土 10:30-19:00　定休日：日、8月中旬1週間
カード：VISA, Master, AMEX, Diners, JCB　http://www.gien.com
他店舗：13 rue Jacob 75006（P96B）
＊支払時にこのページを見せると10%OFFになります。
Réduction -10% sur présentation de ce guide.

Vous voyagez avec...

エッフェル塔などモニュメントが描かれた絵皿はパリ旅行の記念に。

名残の紋章を記したシアン・ブルーの皿が壁に飾られている。

親世代を喜ばせたいなら、ぜひここに！

Au Lapin Agile
オ・ラパン・アジル

本当は単に「歌」という意味の言葉だけど、ある世代以上の日本人には特別な意味を持つ「シャンソン」。本場のはずのパリでも、もう本物のシャンソンが聴けるお店はこの「オ・ラパン・アジル」ぐらいになりました。客と歌い手の境界がなく和気あいあいとした酒場は、まるでピアフの時代にいるみたいな錯覚に。シャンソンに縁のない世代でも十分楽しめます。

22 rue des Saules 75018（モンマルトルP67A）
電話：01 46 06 85 87
メトロ：Lamarck Caulaincourt ⑫
営業日：火-日 21:00-26:00　定休日：月
カード：不可、現金のみ
http://www.au-lapin-agile.com

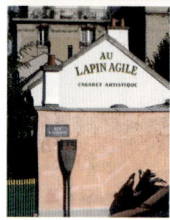

蔦のからまるピンクのファサードで、向かいには小さな葡萄畑がある。開場中は途中入場も可。盛り上がるのは22〜23時以降。

テーブルアートはリネン選びで決まる

Le Jacquard Français
ル・ジャカール・フランセ

19世紀初頭に生み出されたジャカード織は、複雑で大胆な柄を織り込めるのが特徴のフランスを代表する織物です。1888年創業の「ル・ジャカール・フランセ」は伝統的なデザインからよりコンテンポラリーなモチーフまで、幅広いスタイルのテーブルリネンを提案。フランス文化のひとつでもある「テーブルのアート」を日本でも楽しみましょう。

53 rue Bonaparte 75006（サンジェルマン・デプレP97A）
電話：01 53 10 00 81　メトロ：St-Germain des-Prés ④
営業日：月-土10:00-19:00　定休日：日
カード：VISA, Master, AMEX　http://www.le-jacquard-francais.fr
他店舗：12 rue du Chevalier Saint George 75001（P12A）
ギャラリー・ラファイエットのメゾン館内（P13C）

大胆かつ上品な色合いと模様は、このブランドならでは。殺風景な食卓にぱっと花が咲いたような印象を与えてくれる。

petit ami

彼氏と

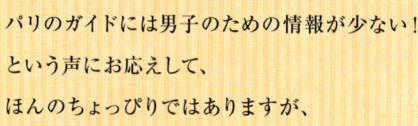

パリのガイドには男子のための情報が少ない！
という声にお応えして、
ほんのちょっぴりではありますが、
私たちのおすすめアドレスをお教えします。

モダンに生まれ変わったフランス伝統のナイフ

Forge de Laguiole
フォルジュ・ドゥ・ラギオール

フランス南部の小さな村、ラギオールの名産品ナイフ。なかでもこのブランドは、伝統の技を守りつつ、フィリップ・スタルクやアンドレ・プットマンなどのクリエイターとコラボして現代の暮らしにマッチする新しいデザインを生み出しています。折りたたみナイフやソムリエナイフなど、「本物」を持っていると「男子力」もぐんとアップしそう！？

29 rue Boissy d'Anglas 75008（オペラP12A）
電話：01 40 06 09 75
メトロ：Madeleine ⑧⑫⑭
営業日：月-土 10:30-13:00/13:40-19:00　定休日：日
カード：VISA, Master, AMEX, JCB
http://www.forge-de-laguiole.com

40以上の工程を経て作り上げられる伝統工芸ナイフたち。持ちやすさにこだわった持ち手には動物の角や木が用いられている。みつばちのマークが目印。

気取らないロフトスタイルのディスプレイがクール。　　　　　　　　　　　シューズやバッグ、ウォッチなどの小物セレクトも抜群。

パリ流ストリートカジュアルを探すなら
Royalcheese ㈿
ロワイヤルチーズ

ロンドン育ちのフランス人、カトリーヌさんが1998年にオープンしたストリートカジュアルのセレクトショップ「ロワイヤルチーズ」。当時はフランスであまり知られていなかった海外ブランドを紹介する草分け的存在で、今ではパリに3店舗を構える人気ショップ。ストリートスタイルとはいえ、Penfieldのブルゾンの横にセントジェームスのボーダーシャツ、その隣にはGloverallのダッフルコートが並び、全体的な印象はプレッピーの香り漂うフランスらしいきれいめカジュアル。ジーンズはCheap MondayやApril77といった人気ブランドから定番まで揃います。個性的なプリントのヴィンテージ風Tシャツは、おしゃれな男の子のおみやげにおすすめ。

彼氏へのプレゼントを探す女の子の姿もちらほら。おしゃれに差がつくカラフルなソックスも。

26 rue de Poitou 75003（マレP31A）
電話：01 78 56 53 56
メトロ：Filles du Calvaire ⑧
営業日：月-金 11:30-13:30/14:30-19:30、土 11:30-20:00、日 14:00-19:00
定休日：無休
カード：VISA, Master, AMEX
http://www.royalcheese.com

Vous voyagez avec...

状態の良いものしか選ばない、というのがADÖMのこだわり。

ヴィンテージが大好きな彼と一緒に楽しめる古着ショップ
ADÖM ㊂
アドム

バスティーユ広場から延びるロケット通りにある「アドム」は、ヴィンテージ好きのパリジャンたちが足しげく通う注目ショップ。すっきりと見やすい店内には、アメリカからのアイテムを中心に、50～70年代の革ジャンやチェックシャツ、ジーンズ、スニーカーのほか、仕立ての良いイタリア製のベストやジャケットも揃い、カジュアルにもシックにも使えるセレクト。オーナーは男性3人組。なかでも、とっても個性的で話好きなジェフさんは映画の衣装を手がけることもあってか、楽しく服選びの手伝いをしてくれます。向かい側にあるレディスの「アドム」は、メンズの6年前にオープンした先輩ショップで、特にブーツの品揃えがマル。彼と一緒に女の子も満喫できるおすすめの古着屋さんです。

ジェフさんの男気あふれるセレクトに惚れ込んだパリジャンたちが、今日もお店に訪れる。

35 rue de la Roquette 75011
（バスティーユP58A）
電話：01 48 07 15 94
メトロ：Bastille ①⑤⑧
営業日：月-土 11:00-20:00、
日 15:00-20:00　定休日：8月1週間
カード：VISA, Master
他店舗：56 rue de la Roquette 75011
（レディス）（バスティーユP58A）

enfant

子供と

子連れ旅には
なにかと不自由なことの多いパリですが、
フランスらしいエスプリに満ちた
ベビー&子供グッズは文句なしにやっぱりかわいい！

子供たちが着て楽しいロック&キュートな子供服

L'Acrobate
ラクロバット

クリエイターのヴァレリーさんが作る子供服は、きれいな色づかいとシンプルなデザインに、子供たちが楽しんで着られる遊び心のきいたモチーフが魅力。女の子ならキラキラ光るスパンコールや裾がふわりと広がるスカート、男の子ならギターや恐竜のモチーフをあしらったTシャツと、子供たちが大好きな世界をクールに取り入れたデザインで、おしゃれなママンもとりこ。

19 rue Houdon 75018（モンマルトルP66B）
電話：06 18 36 85 17
メトロ：Abbesses ⑫、Pigalle ②⑫
営業日：火-土 11:00-19:00、日 14:00-19:00
定休日：月、8月上旬2週間　カード：不可
http://lacrobate-enfants.blogspot.com

2004年のブランド誕生からクチコミで人気が広がり、2009年にこのお店をオープン。店内には生後1ヶ月から14歳までのサイズが揃う。

カラフルなボンボンに囲まれて、いるだけでハッピーな気分に。

スウェーデンからパリに届いた自然派ボンボン
Käramell
カラメル

日本人の私たちがびっくりするほど、フランスでは子供も大人もボンボンが大好き。「カラメル」は、そんな彼らに負けず劣らずボンボンを愛するスウェーデンから2008年にパリにやってきたキャンディショップです。ボンボン＝人工的な色と味、というイメージが強いですが、スウェーデンでは特別な基準が定められ、より自然な材料で作られているのが大きな特徴。そんな自然派ボンボンは、子供の健康に敏感なパリのママンたちの間で話題になり、子供はもちろん、自分たちのために袋にいっぱい買っていくパリジャンたちがたくさん。この形面白いね、この味のボンボン試してみよう、なんて言いながら楽しげにボンボンを選ぶフランス人と一緒に、スウェーデンの味を楽しみましょう。

キュートな木靴もスウェーデンの特産品。ほかにも北欧の香りたっぷりの可愛い小物がたくさん。

住所：15 rue des Martyrs 75018
（モンマルトルP66A）
電話：01 53 21 91 77
メトロ：St-Georges⑫
営業日：月 14:00-19:00、火-土 11:00-20:00、日 10:30-19:00　定休日：8月2週間
カード：VISA, Master（15€〜）
http://www.karamell.fr

広々としたスペースなのも子連れにはありがたい。近くに来たら気軽に立ち寄って。

パリでは珍しい子供連れフレンドリーなカフェ
Happy Families
ハッピー・ファミリーズ

子育て中のパパ・ママたちを応援したいという願いを込めて2013年末、ポンピドゥー・センター近くに誕生。レストランのほか、併設の託児ルーム（有料）に子供を預けつつヘアサロンやエステ、カイロプラクティックや心理カウンセリングなどマルチなサービスを利用できるスペースです。子連れ旅行者に便利なのはやはりレストラン。一日中食事やお茶ができて、スープやサラダ、キッシュなどシンプルに美味しい大人向けメニューのほか、子供が喜ぶナゲットやポテト、そしてオーガニックの離乳食も。無料の遊び場で子供を遊ばせながら、ゆっくり食事もできます。子供用チェア、おむつ替え台のあるトイレ、授乳コーナー、ベビーカー置き場など、子供連れにありがたい設備が整っています。

店内には小さいけれどセレクトの良いおもちゃコーナーもあり、おみやげにもいい。

5 rue du Cloître Saint Merri 75004
電話：01 40 29 89 99
メトロ：Hôtel de Ville ①⑪
営業日：月-金 8:00-20:00、
土・日 10:00-20:00　定休日：無休
予算：2品13.5€、3品15,9€
カード：VISA, Master
http://happyfamilies.fr

大人と子供が一緒にショッピングを楽しめる店
Le Petit Souk 🎁
ル・プチ・スーク

細長い店内を埋め尽くすようにところ狭しと並べられた色とりどりの雑貨やおもちゃ、文房具たち……まさに「小さな市場」という店名にふさわしい賑やかさで迎えてくれるお店。50〜70年代のおもちゃの復刻版から今活躍するクリエイターの作品まで、共通するキーワードはレトロとビンテージ。大人も子供もワクワクするような宝物が見つかります。

14 rue de Charonne 75011
電話：01 58 30 36 14
メトロ：Ledru Rollin ⑧
営業日：月 14:00-19:00、火-土 10:00-19:00　定休日：日
カード：VISA, Master
http://www.lepetitsouk.fr

2005年にフランス北部の町リールで誕生した「ル・プチ・スーク」。その人気はじわじわと広がり、今では全国に10店舗を構えている。

フランスらしい色づかいのベビーグッズならここ
BÉABA 🎁
ベアバ

ポップな色づかいとシンプルで使いやすいデザインで、フランスのママンたちの多くに支持されているベビーグッズのメーカー「ベアバ」。食事、お風呂、お出かけなど、赤ちゃんの日常のさまざまなシーンで必要なものが揃います。日本であまり見かけないものは、ママ友へのフランスみやげに喜ばれそう。ベビー用品で日仏文化の違いが発見できるかも。

33 avenue de l'Opéra 75002 (オペラP13C)
電話：01 44 50 53 15
メトロ：Pyramides ⑦⑭
営業日：月-土 10:00-19:30　定休日：日
カード：VISA, Master, AMEX
http://www.beaba.com

哺乳瓶やおしゃぶり、お皿やコップ、スプーンにフォーク、ベビーバスやおまるなどなど、ありとあらゆるベビー用品が揃い、見るだけでも飽きない。

ジャンル別索引

🍴 レストラン

ページ	店名	ジャンル	エリア
16	Le Déli-cieux	カフェレストラン／展望台	オペラ
20	Spring	フレンチ	オペラ
28	Kookil Kwan	韓国料理	オペラ
28	Sur un arbre perché	フレンチ	オペラ
35	Café Charlot	カフェレストラン	マレ
38	Claude Colliot	フレンチ	マレ
54	Ladurée Le Bar	カフェレストラン	シャンゼリゼ
54	L'Atelier Renault	カフェレストラン／ショールーム	シャンゼリゼ
64	Pause Café	フレンチ／カフェ	バスティーユ
64	Paris Hanoi	ベトナム料理	バスティーユ
70	37㎡	台湾料理／サロン・ド・テ	モンマルトル
72	Chamarré Montmartre	フレンチ	モンマルトル
76	Mon Oncle	フレンチ	モンマルトル
83	La Cantine…des Grands	フレンチ	ヴェルサイユ
91	Crep'salads	クレープ	シャルトル
101	Comme à Savonnières	フレンチ	サンジェルマン・デプレ
102	KGB	フレンチ	サンジェルマン・デプレ
110	Léon de Bruxelles	ムール貝	サンジェルマン・デプレ
116	Le Buisson Ardent	フレンチ	カルチエ・ラタン
122	Les Papilles	フレンチ	カルチエ・ラタン
122	Le Bar à Huîtres	魚介レストラン	カルチエ・ラタン
122	Asia-Tée	和食	カルチエ・ラタン
122	Han Lim	韓国料理	カルチエ・ラタン
130	Le Petit Cler	フレンチ	アンヴァリッド／エッフェル塔
132	Le Violon d'Ingres	フレンチ	アンヴァリッド／エッフェル塔
132	L'Affriolé	フレンチ	アンヴァリッド／エッフェル塔
136	Les Fous de l'Ile	フレンチ	サン・ルイ島
140	C'est Mon Plaisir	フレンチ	サン・ルイ島

🍴 軽食（店内で飲食可）

ページ	店名	ジャンル	エリア
25	Aki Boulanger	パン／ケーキ／弁当	オペラ
25	Maison Kayser	パン／軽食／カフェ	オペラ
28	K-Mart	韓国・日本食品店／弁当／惣菜	オペラ
28	1T rue Scribe	サロン・ド・テ	オペラ
28	Café Pouchkine	ケーキ／サロン・ド・テ	オペラ
42	Marché des Enfants Rouges	市場	マレ
44	Carette	ケーキ／サロン・ド・テ	マレ
44	Polâne Cuisine de Bar	パン／カフェ	マレ
150	Happy Families	軽食	マレ
53	Café le Deauville	カフェ	シャンゼリゼ
54	Hôtel Daniel	サロン・ド・テ	シャンゼリゼ
62	Pause Détente	ケーキ／サロン・ド・テ	バスティーユ
64	Le Bar à Soupes	スープランチ	バスティーユ
64	Morry's Bagels	ベーグル	バスティーユ

71	Le Grand Jeau	惣菜	モンマルトル
76	Terra Corsa	ハム／コルシカ食材	モンマルトル
151	Le Poussette Café	赤ちゃん連れ歓迎のカフェ	モンマルトル
92	Le Pichet 3	サロン・ド・テ／雑貨	シャルトル
93	Au Bon Croissant	ケーキ／サロン・ド・テ	シャルトル
110	L'Avant-Comptoir	フランス風タパス／クレープ	サンジェルマン・デプレ
110	La Maison de Thé	サロン・ド・テ	サンジェルマン・デプレ
110	Kusmi Tea	紅茶／サロン・ド・テ	サンジェルマン・デプレ
110	Mamie Gâteaux	サロン・ド・テ	サンジェルマン・デプレ
114	Sugarplum Cake Shop	ケーキ／サロン・ド・テ	カルチエ・ラタン
117	Le Salon	サロン・ド・テ	カルチエ・ラタン
122	L'Arbre à Cannelle	サロン・ド・テ	カルチエ・ラタン
122	Pâtisserie Ciel	シフォンケーキ／サロン・ド・テ	カルチエ・ラタン
128	Hôtel du Cadran	マカロン／チョコレート	アンヴァリッド／エッフェル塔
140	Berthillon	サロン・ド・テ／アイスクリーム	サン・ルイ島

◉ グルメ（持ち帰りのみ）

17	Maison du Miel	はちみつ	オペラ
28	Baillardran	カヌレ	オペラ
44	Première Pression Provence	オリーブオイル	マレ
44	Maison Larnicol	ブルターニュ地方菓子／チョコレート	マレ
62	La Manufacture à Paris	チョコレート	バスティーユ
75	Le Grenier à Pain	パン	モンマルトル
76	Sébastien Godard	ケーキ	モンマルトル
76	Maison Landemaine	パン／ケーキ	モンマルトル
149	Käramell	キャンディ	モンマルトル
81	Marché Notre Dame	市場	ヴェルサイユ
93	Péchés Gourmands	クッキー／キャンディ／おみやげ	シャルトル
104	Francart	惣菜／ケーキ／おみやげ	サンジェルマン・デプレ
105	Meert	ゴーフル／チョコレート	サンジェルマン・デプレ
106	Hugo & Victor	ケーキ／チョコレート	サンジェルマン・デプレ
109	La Pâtisserie des Rêves	ケーキ	サンジェルマン・デプレ
110	Pierre Marcolini	チョコレート	サンジェルマン・デプレ
118	Le Bonbon au Palais	お菓子のセレクトショップ	カルチエ・ラタン
122	Carl Marletti	ケーキ	カルチエ・ラタン
129	Gâteaux Thoumieux	ケーキ／パン	アンヴァリッド／エッフェル塔
131	Lemoine	カヌレ	アンヴァリッド／エッフェル塔
132	Davoli	イタリア惣菜	アンヴァリッド／エッフェル塔
132	Michel Chaudun	チョコレート	アンヴァリッド／エッフェル塔
132	Famille Mary	はちみつ	アンヴァリッド／エッフェル塔
132	Le Moulin de la Vierge	パン	アンヴァリッド／エッフェル塔
132	Les Petites Chocolatières	チョコレート	アンヴァリッド／エッフェル塔
139	La Cure Gourmande	クッキー／キャンディ／おみやげ	サン・ルイ島
140	Boulangerie Martin	パン	サン・ルイ島
140	LAFITTE	フォアグラ	サン・ルイ島

140	Amorino	ジェラート	サン・ルイ島

🅟 洋服

18	Ekyog	レディス／子供服	オペラ
22	Chemins Blancs	レディス	オペラ
28	Uniqlo	レディス／メンズ	オペラ
34	AB33	セレクト	マレ
41	JOY	セレクト	マレ
146	Royalcheese	メンズのセレクトショップ	マレ
54	Montaigne Market	セレクト	シャンゼリゼ
54	Tara Jarmon	レディス	シャンゼリゼ
54	H&M	レディス／メンズ	シャンゼリゼ
60	Sessùn	レディス	バスティーユ
63	Gaëlle Barré	レディス／子供服	バスティーユ
64	So we Are	レディス	バスティーユ
64	Courbettes et Galipettes	セレクト	バスティーユ
147	ADÖM	古着／ヴィンテージ	バスティーユ
68	Vanina Escoubet	レディス	モンマルトル
71	Judith Lacroix	レディス／子供服	モンマルトル
74	Paperdolls	セレクト／バッグ／アクセサリー	モンマルトル
75	Make My D...	セレクト	モンマルトル
76	Mademoiselle Bambû	セレクト	モンマルトル
148	L'Acrobate	子供服	モンマルトル
98	Ekjo	レディス	サンジェルマン・デプレ
108	Jüli	セレクト	サンジェルマン・デプレ
110	Les Petites...	レディス	サンジェルマン・デプレ
132	Aoshida	セレクト	アンヴァリッド／エッフェル塔
140	78isl	セレクト	サン・ルイ島

🅟 小物

28	Stéphanie Césaire	バッグ	オペラ
37	Bobbies Paris	靴	マレ
40	Delphine Pariente	ジュエリー	マレ
44	Corpus Christi	ジュエリー	マレ
63	Nadja Carlotti	アクセサリー／インテリア雑貨	バスティーユ
76	Sept Cinq	アクセサリー／雑貨	モンマルトル
76	Myrtille Beck	ジュエリー	モンマルトル
82	Kentucky Rain	バッグ／雑貨	ヴェルサイユ
100	Avril Gau	靴／バッグ	サンジェルマン・デプレ
100	Tila March	靴／バッグ	サンジェルマン・デプレ
110	Upla	バッグ	サンジェルマン・デプレ
126	Catherine Loiret	バッグ	アンヴァリッド／エッフェル塔

🅟 雑貨

14	Le Carré d'Encre	文房具／切手	オペラ
24	Bodum	食器／キッチン用品	オペラ
142	Gien	陶器	オペラ

145	Forge de Laguiole		ナイフ	オペラ
151	BÉABA		ベビー用品	オペラ
32	Papier Tigre		文房具／雑貨	マレ
36	Monsieur Paris		ジュエリー	マレ
44	Merci		コンセプトショップ／カフェ	マレ
44	bibi idea shop		雑貨／インテリア	マレ
44	The Collection		インテリア	マレ
48	Publicis Drugstore		コンビニ／おみやげ	シャンゼリゼ
51	Peugeot Avenue		ペッパーミル／ミニカー／ショールーム	シャンゼリゼ
54	C42		ミニカー／ショールーム	シャンゼリゼ
54	Guerlain		香水／コスメ	シャンゼリゼ
64	Les Fleurs		アクセサリー／雑貨	バスティーユ
64	habitat		インテリア／小物	バスティーユ
151	Le Petit Souk		インテリア／雑貨／ベビー用品	バスティーユ
76	3 par 5		インテリア小物	モンマルトル
84	Au Bouchon d'Etain		かご／ミニチュア	ヴェルサイユ
101	Au Plat d'Etain		フィギュア	サンジェルマン・デプレ
144	Le Jacquard Français		テーブルリネン	サンジェルマン・デプレ
122	tout noté		ノート／インテリア	カルチエ・ラタン
138	Pylones		キッチン用品／雑貨／おみやげ	サン・ルイ島
140	Eva Baz'Art		雑貨／おみやげ	サン・ルイ島

🎨 カルチャー&観光スポット

19	Musée de la Publicité		美術館	オペラ
26	Village Royal		散策	オペラ
52	Petit Palais		美術館	シャンゼリゼ
53	Arcades des Champs Elysées		アーケード	シャンゼリゼ
144	Au Lapin Agile		シャンソニエ	モンマルトル
81	Château de Versailles		観光スポット	ヴェルサイユ
85	Quartier des Antiquaires		散策	ヴェルサイユ
85	Rue des Deux Portes		散策	ヴェルサイユ
91	Cathédrale de Chartres		観光スポット	シャルトル
94	L'Eure, Les Vieux Quartiers		散策	シャルトル
94	La Maison Picassiette		観光スポット	シャルトル
119	Eyrolles		書店	カルチエ・ラタン
120	Jardin des Plantes		植物園	カルチエ・ラタン
120	Muséum national d'Histoire Naturelle		博物館	カルチエ・ラタン
139	L'Ile aux Images		写真／ポスター	サン・ルイ島
140	Eglise Saint Louis en l'Ile		教会	サン・ルイ島

🛏 ホテル

23	Hôtel Molière		★★★	オペラ
50	Hôtel Cristal Champs-Elysées		★★★★	シャンゼリゼ
109	Hôtel de l'Abbaye		★★★★	サンジェルマン・デプレ
119	Hôtel Design Sorbonne		★★★	カルチエ・ラタン
128	Hôtel du Cadran		★★★	アンヴァリッド／エッフェル塔

おわりに

中世の昔を偲ばせる石畳や石造りの街並みを眺めていると、つい忘れてしまいそうになりますが、旅行者や学生たちが世界中から集まる街・パリは、常に変化を続けるフランス一の大都市です。前作『歩いてまわる小さなパリ』の出版から2年、この街に次々と生まれる「すてきなものたち」を追いかけてこの2冊目の本を作りました。

そして、今回新たな試みとして紹介したヴェルサイユとシャルトル、ふたつの街への日帰り旅行。自分たちの足で歩き、いろんな場所を訪ねていくなかで、フランスの豊かな歴史と文化をあらためて体感し、パリを旅行する方にもぜひ、フランスのそんなすてきな一面を知ってもらえたら、という思いがさらに強くなりました。パリの旅で役立つのはもちろんのこと、読むだけで生き生きしたパリとフランスの息づかいが伝わるようなガイドブックになっていたらうれしいです。

この本を準備している間に、日本で東日本大震災が起こりました。多くの人々の尊い命と生活が失われ、普段の暮らしを取り戻すまでにまだまだ長い時間がかかりそうな現在、パリのガイドブックを出版することにはためらいもありました。でも、遠く離れたフランスにいる私たちなりのやり方で、ひとすじの希望の光を届けることができたら……という思いを込めて、この本を仕上げました。

前作同様、私たちの文章と写真をかわいらしいレイアウトで飾り、さらに魅力的な本にしてくださったデザイナーの塚田佳奈さん、南彩乃さん、この本の軸となる地図製作を手がけてくださった山本眞奈美さん、そして、的確なアドバイスで最後まで支えてくださった大和書房の鈴木萌さんに、この場を借りて心より感謝いたします。

Mille mercis à tous les magasins et les restaurants qui nous ont chaleureusement accueillies.

2011年7月　　パリにて

荻野雅代 ・ 桜井道子　トリコロル・パリ　http://www.tricolorparis.com

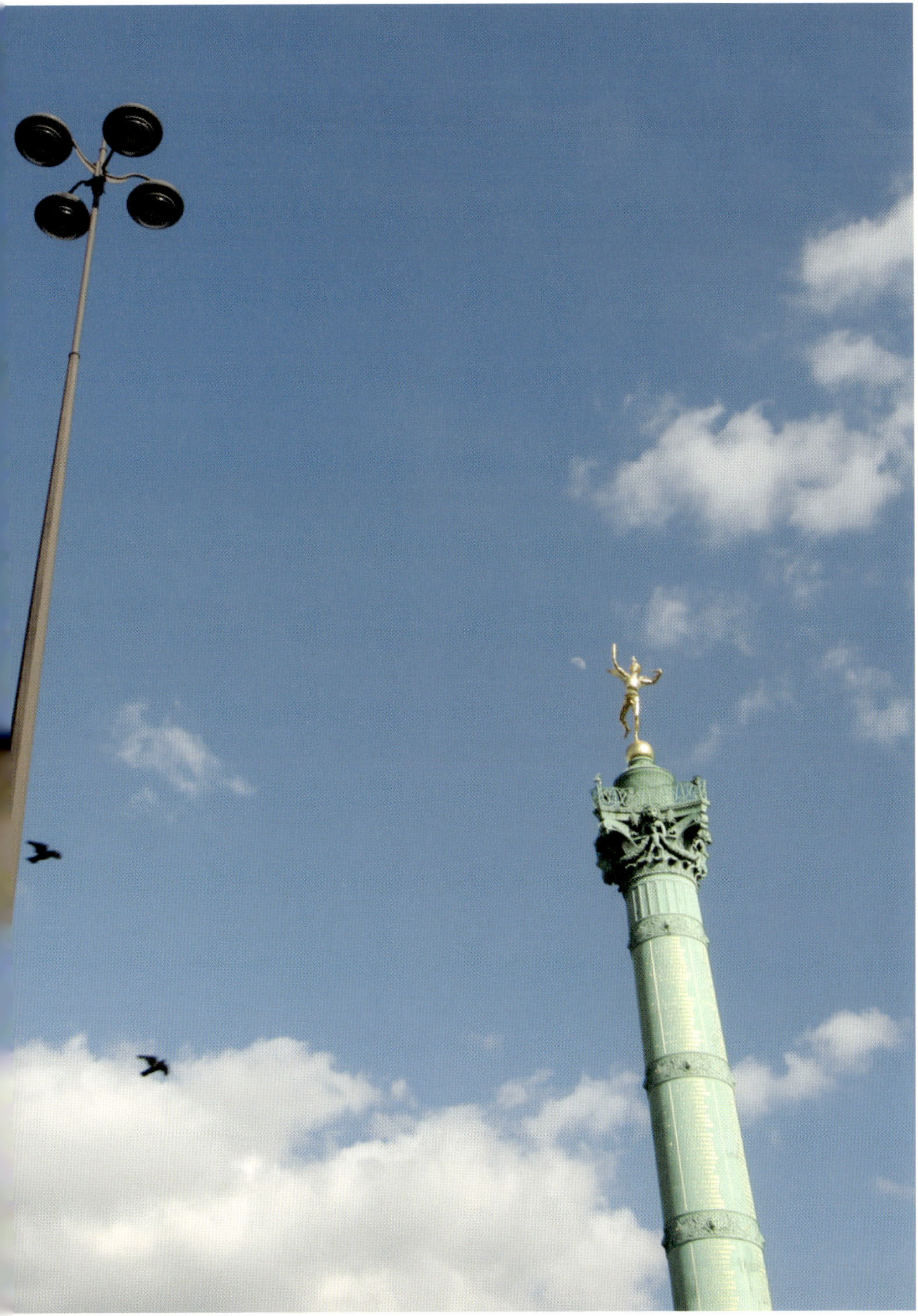

またきてね！
A très bientôt !

著者　Auteurs
荻野雅代　Masayo Ogino Chéreau
新潟県生まれ。高校時代からフランス映画と音楽をこよなく愛し、02年に念願の渡仏。ヌーベルバーグからフレンチポップス、さらにはゴシップにも精通する、フランス人もびっくりのマニアぶり。かわいい雑貨やアクセサリー、洋服が大好きで、取材店でつい買い物をしてしまうショッピング・マニアでもある。

桜井道子　Michiko Sakurai Charpentier
京都府生まれ。96年の語学留学をきっかけにフランスにはまり、00年からパリ在住。仕事柄、そしてプライベートでもパリの街歩きが大好きで、週末ともなればまだ知らないカルチエを求めてパリのいたるところに出没。無類の食いしんぼうでもあり、おいしいもの探しのアンテナをいつも張りめぐらせている。

Tricolor Paris　トリコロル・パリ
フランス在住の日本人ふたり組（荻野雅代、桜井道子）が、2010年に立ち上げたパリとフランスの情報サイト。おすすめブティックやレストラン、イベントの観光情報はもちろん、フランスのニュース、パリの天気を毎日の服装で伝える「お天気カレンダー」など、独自の目線でフランスの素顔をお届けしている。
http://www.tricolorparis.com
twitter: @tricolorparis

写真　Photographe
荻野雅代　Masayo Ogino Chéreau

デザイン　Graphiste
塚田佳奈　Kana Tsukada
南　彩乃　Ayano Minami
(ME&MIRACO www.meandmiraco.com)

地図製作　Réalisation des cartes
山本眞奈美　Manami Yamamoto (DIG.Factory)

カバー写真協力　Photo de couverture
Käramell (P149)

編集　Editrice
鈴木　萌　Moe Suzuki (大和書房)

Tous nos remerciements à
Tinda Lund
高橋留愛　Runa Takahashi
Franck, Hugo & Louis Charpentier
Valère, Emeric & Edith Chéreau
Nadine Godefleau

トリコロル・パリの本で紹介した
店舗の最新情報はこちら
http://www.tricolorparis.com/livre.html

歩いてまわる小さなパリ{日帰り旅行も!}

2011年8月1日　第1刷発行
2015年3月10日　第5刷発行

著者　　トリコロル・パリ　荻野雅代　桜井道子
発行者　佐藤　靖
発行所　大和書房　東京都文京区関口1-33-4　〒112-0014
　　　　電話 03-3203-4511
印刷所　歩プロセス
製本所　ナショナル製本

©2011 Masayo Ogino, Michiko Sakurai Printed in Japan
ISBN 978-4-479-78233-9
乱丁・落丁本はお取り替えします
http://www.daiwashobo.co.jp

本書に掲載している情報は、
2015年1月現在のものです。
お店のデータや料金など、
掲載内容が変更される場合もございます。

初心者にも 常連さんにも、
きっと満足してもらえる1冊です。

歩いてまわる小さなパリ
荻野雅代　桜井道子

足の向くまま、
普段着のパリを覗こう。

パリ版
アプリも発売中！
app store
android market
で見つけてね。

時間の限られた旅行でも、歩いて名店を発見する喜びがある道や、パリジャンたちのお気に入りの隠れた名店をギッシリ175軒紹介。　1890円（税込）

歩いてまわる小さなロンドン
江國まゆ

クラシカルでロックな
魅力を味わい尽くす。

ロンドナーに愛され続ける小さな老舗や最新の人気スポット、地元の人がこぞって通うレストランなど189軒の案内。　1890円（税込）

日帰り
旅行も！

歩いてまわる小さなパリ
トリコロル・パリ　荻野雅代　桜井道子

パリの老舗＆最新スポットを楽しんだら、
ヴェルサイユとシャルトルに足を延ばして。

1冊目では紹介しきれなかった見どころ満載。パリから日帰りできる人気の2都市を満喫できるお店もおまかせください。　1890円（税込）

歩いてまわる小さなニューヨーク
岡野ひろか

世界で一番エネルギッシュで
自由な街を感じて。

アッパー・イースト・サイドからブルックリンまで、暮らすように楽しめるレストランや書店、マーケットやバーなど169軒を紹介。　1890円（税込）